Hartmut Birsner

Erziehung, Gemeinschaft und Gesellschaft

Ein Vergleich der erziehungstheoretischen Konzepte von Paul Natorp und Kurt Hahn

Diplomica Verlag GmbH

Birsner, Hartmut: Erziehung, Gemeinschaft und Gesellschaft: Ein Vergleich der erziehungstheoretischen Konzepte von Paul Natorp und Kurt Hahn, Hamburg, Diplomica Verlag GmbH 2013

Buch-ISBN: 978-3-8428-9239-2
PDF-eBook-ISBN: 978-3-8428-4239-7
Druck/Herstellung: Diplomica® Verlag GmbH, Hamburg, 2013

Bibliografische Information der Deutschen Nationalbibliothek:
Die Deutsche Nationalbibliothek verzeichnet diese Publikation in der Deutschen Nationalbibliografie; detaillierte bibliografische Daten sind im Internet über http://dnb.d-nb.de abrufbar.

Das Werk einschließlich aller seiner Teile ist urheberrechtlich geschützt. Jede Verwertung außerhalb der Grenzen des Urheberrechtsgesetzes ist ohne Zustimmung des Verlages unzulässig und strafbar. Dies gilt insbesondere für Vervielfältigungen, Übersetzungen, Mikroverfilmungen und die Einspeicherung und Bearbeitung in elektronischen Systemen.

Die Wiedergabe von Gebrauchsnamen, Handelsnamen, Warenbezeichnungen usw. in diesem Werk berechtigt auch ohne besondere Kennzeichnung nicht zu der Annahme, dass solche Namen im Sinne der Warenzeichen- und Markenschutz-Gesetzgebung als frei zu betrachten wären und daher von jedermann benutzt werden dürften.

Die Informationen in diesem Werk wurden mit Sorgfalt erarbeitet. Dennoch können Fehler nicht vollständig ausgeschlossen werden und die Diplomica Verlag GmbH, die Autoren oder Übersetzer übernehmen keine juristische Verantwortung oder irgendeine Haftung für evtl. verbliebene fehlerhafte Angaben und deren Folgen.

Alle Rechte vorbehalten

© Diplomica Verlag GmbH
Hermannstal 119k, 22119 Hamburg
http://www.diplomica-verlag.de, Hamburg 2013
Printed in Germany

Sandra

der Frau, an deren Seite ich mein Studium nicht begonnen habe,
und an deren Seite ich es nicht beendet habe,
doch an deren Seite ich einen großen und wichtigen Teil
desselben verbringen durfte, gewidmet

> *„Nur* mit der ‚Forderung des Unmöglichen'
> reißt man ‚die Wirklichkeit aus den Angeln'"
> *P. Natorp*

> *„*Make use of the tragic lesson of the War"
> *K. Hahn*

> *„*Draußen wo sich die Nacht mit dem Tageslicht trifft
> scheint etwas vor sich zu gehn
> das auch mich betrifft"
> *Dirk v. Lowtzow - Tocotronic*

Vorwort

Ich möchte mich bedanken bei allen, die mich bei der Abfassung dieser Studie mit Rat und Tat begleitet haben, die mir oft genug wertvolle Gesprächspartner waren und denen ich Motivation und wichtige Anregungen verdanke: zunächst bei Sandra Schelkle, Klaus Thelen, Rhia Heusel, Monika Pöhlmann, Tobias Weltin, Marion Müller und Martin Burchard, sodann bei dem akademischen Betreuer dieser Studie, Prof. Dr. Rainer Treptow.

Zur Ausdrucksweise möchte ich vorab darauf hinweisen, dass in dieser Studie der grammatikalische *Maskulin* so verwendet wird und verstanden sein möchte, dass damit im Allgemeinen immer *beide* Geschlechter bezeichnet werden. Eine geschlechtliche Spezifizierung wird *explizit*, d.h. durch die Verwendung des grammatikalischen *Feminins* oder durch Zusatz eines entsprechenden Adjektivs zum Ausdruck gebracht. Dies geschieht des einfacheren und kongruenteren Ausdrucks halber, in keinem Fall aber, um irgendeine Ausgrenzung zu intendieren.

INHALTSVERZEICHNIS

VORWORT VI

I. EINLEITUNG 1

   1. Zur Aktualität von Kurt Hahn: Erlebnispädagogik und Internatsschulkonzept 4

   2. Zur Aktualität von Paul Natorp: Sozialpädagogik und Einheitsschulkonzept 6

   3. Konkretisierung der Fragestellung und Aufbau der Studie 7

II. PAUL NATORP: BLICK ÜBER LEBEN UND WERK 11

   1. Zur Quellenlage und zur Relevanz Natorps Biographie 11

   2. Elternhaus – Schulzeit – Studienjahre (1854-1880) 12

   3. Der Weg zur Sozialpädagogik (1880-1914) 13

   4. Erster Weltkrieg - Revolution - Jugendbewegung (1914-1924) 15

III. KURT HAHN: WEGMARKEN UND WENDEPUNKTE ... 20

   1. Zur Quellenlage und zur Relevanz Hahns Biographie 20

   2. Kindheit – Schulzeit – Studienjahre (1886-1914) 20

   3. Die Katastrophe des Krieges und der Rückzug aus der Politik (1914-1919) 23

   4. Hahns „pädagogische Provinz" – die Internatsschule Schloss Salem (1919-1933) 24

   5. Hahns Exil: Gordonstoun als englische Variante Salems (1933-1945) 26

   6. Einsatz für Demokratie und Internationalität (1945-1974) ... 27

IV. *SOZIALIDEALISMUS* – NEUE RICHTLINIEN SOZIALER ERZIEHUNG 30

1. Einordnung und allgemeine Charakterisierung des Werkes 30
2. Weg zur Erneuerung des sozialen Lebens: Voraussetzungen und Umsetzung 32
3. Grundlegung sozialer Erziehung: Haus und Familie 38
4. ‚Mittelbau' der sozialen Erziehung: zum Konzept der Sozialeinheitsschule 41
    a) Leitlinien der schulischen Erziehung 41
    b) Organisation der schulischen Erziehung 44
5. Inhalt der sozialen Erziehung: die ganze Welt als Schöpfung 48
6. Vollendung der sozialen Erziehung: die freie Bildung der Erwachsenen 52

V. SALEM – KONZEPT EINES LANDERZIEHUNGSHEIMS 56

1. Hahns geistiges Umfeld: Einflüsse und Einordnung seines Schaffens 57
2. Eltern-Klientel, Förderer und Schülerschaft 61
3. Hahns Gesellschaftsmodell und Demokratieverständnis ... 63
4. Hahns Erziehungsideal: Gentleman und „moderner Ritter" 65
5. Zum Verhältnis von Internat und Gesellschaft: Schule als „gutes Weideland" 67
6. Pubertät, „grande passion" und Erholungstätigkeit 69
7. Leitlinien der Internatserziehung und pädagogische Ausgestaltung des Internatslebens 71
    a) Die „Sieben Salemer Gesetze" 71

  b) Schülerselbstverwaltung und Helfer-System 73

  c) Die Dienste 75

  d) Die „Erlebnistherapie" 76

  e) Erfahrung – Erlebnis – Gemeinschaft 78

  f) Zum Verhältnis Erzieher – Heranwachsende: Mentorensystem und Lebensgemeinschaft 81

  g) Zur Bedeutung von Disziplin und Strafe 82

  h) Zum Verhältnis der Internatsschüler untereinander: Trainingsplan, Mannschaftssport und Abenteuer 84

VI. HAHN UND NATORP IM VERGLEICH 88

1. Parallelen und Gemeinsamkeiten 88

  a) Das sozialpädagogische Projekt der Staatsbürgerlichen- bzw. der Volkserziehung 88

  b) Reformpädagogik als Form-Pädagogik 89

  c) Charaktererziehung, Gesinnungs- und Willensbildung 91

  d) Rolle der Gemeinschaft und die Dimension des Sozialen 91

  e) Erfahrung und Erlebnis 92

  f) Modell der Werkschule und Projektarbeit 93

  g) Vereinigung von Denk- und Tatkraft bzw. Geist und Arbeit 93

  h) Zur Idee des Dienens 95

  i) Körperbildung: Leichtathletik, Gymnastik und rechtes Atmen 96

  j) Expedition und Natur 97

2. Verschiebungen und Unterschiede 98

  a) Zum pädagogischen Ansatzpunkt 98

  b) Die Verortung des Feldes der Erziehung im gesamtgesellschaftlichen Zusammenhang 100

  c) Zum Verhältnis von privater und öffentlicher Erziehung 102

  d) Zur Bewertung der Familie 103

  e) Adressatenkreis und Bildungszugang 104

  f) Das Gesellschaftsideal (als soziale Aufgabe von Erziehung) 106

  g) Zum Verhältnis von Individuum und Gemeinschaft 109

  h) Zum konstituierenden Moment von Gemeinschaft: Zweck- vs. Wesensgemeinschaft 111

    i) Charakterideal und Bildungsziel (als individuale Aufgabe von Erziehung) 114

VII. SCHLUSS 121

VIII. LITERATURVERZEICHNIS 132

1. Primärquellen 132

    a) Kurt Hahn 132
    b) Paul Natorp 132

2. Sekundärliteratur 133

3. Internet 136

IX. ANHANG 137

I. Einleitung

Der Prozess der industriegesellschaftlichen Entwicklung bringt aus sich heraus nur wenig hervor, was zur Stärkung der Dimension des Zwischenmenschlichen, der Dimension des Sozialen also, einen Beitrag zu leisten vermag. Im Gegenteil muss davon ausgegangen werden, dass die neuzeitlichen Modernisierungsschübe der Staats-, Wirtschafts- und Gesellschaftsformen dazu beigetragen haben, den Einzelnen nicht nur aus Traditionsbezügen, sondern auch aus sozialen Bindungen immer weiter heraus zu lösen und frei zu setzen. Dieser Vorgang der Herauslösung und Freisetzung ist es, welcher im Allgemeinen mit dem Begriff der *Individualisierung* fasslich zu machen versucht wird (vgl. Beck 1986: 115ff). Seine Doppelgesichtigkeit ist damit benannt: Einerseits wird der einzelne Mensch mehr und mehr zu dem selbstbestimmten und freien Subjekt, als welches ihn Aufklärung und Humanismus entworfen haben; andererseits ergibt sich eben dadurch die Gefahr, dass sich das, was genauso elementar wie Freiheit und Selbstbestimmung zu einem humanen Leben gehört, nicht nur aus den Augen, sondern auch aus der Wirklichkeit verliert, nämlich die Dimension des Zwischenmenschlichen. Dies zum Schaden des Einzelnen, denn der Mensch ist vielleicht nicht ausschließlich, aber immerhin *auch* ein soziales Wesen. Er lebt, so lässt sich sagen, wesentlich in der Beziehung von Mensch zu Mensch, d.h. in menschlicher Gemeinschaft. Doch nicht nur der einzelne Mensch, sondern auch die Gesellschaft kann durch einseitige Auswirkungen des Individualisierungsprozesses in Mitleidenschaft gezogen werden, denn deren humane Entwicklung ist auf Werte wie Hilfsbereitschaft, Solidarität und (soziale) Gerechtigkeit angewiesen. Ganz ungeachtet jeglicher soziologischer und kulturkritischer Analysen sind dies Werte, die sich eine modernisierte und liberalisierte Zivilgesellschaft wohl immer wieder neu zu erarbeiten oder gar zu erstreiten haben wird. Wie die jüngsten Steuerhinterziehungsaffären zeigen, sind und bleiben soziale Tugenden nicht von alleine lebendig.[1] Sie stehen und fallen in erster Linie mit Wert und Bedeutung, welche wir der Idee der *Gemeinschaft* beizulegen bereit sind.[2]

---

[1] Vgl. DIE ZEIT (Titel, 21. Feb. 08; Nr. 9: 1): „Viel fordern, wenig geben: Zu viele Reiche kündigen die Solidarität mit der Gesellschaft auf".
[2] Nicht von ungefähr nennt das Motto der großen Revolution der Moderne, neben *Freiheit* und *Gleichheit*, *Brüderlichkeit*. Damit wird neben der individualen auch die soziale Dimension des Menschseins mit bedacht und eingeklagt.

Dabei darf der Gemeinschaftsbegriff nicht in unreflektierter Weise aufgegriffen werden, sondern in klarem Bewusstsein dessen, dass es sich dabei um einen speziell aus deutscher Sicht durchaus problembehafteten Ausdruck handelt. Er wurde zum Zweck nationalsozialistischer Propaganda von den Machthabern des Hitler-Regimes ideologisch vereinnahmt und verhängnisvoll missbraucht. Auch hat er im Zusammenhang mit dem Aufbau und der Rechtfertigung „sozialistischer" und „kommunisti- „kommunistischer" Staatsformen vor und nach dem Zweiten Weltkrieg eine ähnlich demagogische und unheilvolle Rolle gespielt. Beides mag ein gutes Stück dazu beigetragen haben, dass sich erziehungstheoretische und sozialpädagogische Konzepte bis heute schwer tun, diesen Begriff konstruktiv zu integrieren, geschweige denn ihn zu einem tragenden Element von Theorie und Praxis zu machen. „Von wenigen Ausnahmen abgesehen [...] hat der Begriff Gemeinschaft in der sozialpädagogischen Diskussion der Gegenwart eine eher randständige Position, keineswegs jedenfalls eine theoretisch tragende Funktion [...]" (Reyer / Henseler 2000: 1). Dabei „besteht der begründete Anfangsverdacht, daß die sozialpädagogische Theoriebildung mit der Abkoppelung vom Gemeinschaftsbegriff ihren sozialphilosophischen Tiefgang verlor" (ebd.: 2). Die pädagogische Marginalisierung dessen, was mit dem Gemeinschaftsbegriff bezeichnet sein will, lässt sich durch einen Blick in den aktuellen *Kinder- und Jugendbericht* bestätigen. Mit systematischer Konstanz und wissenschaftlicher Beharrlichkeit werden hier Bildungs- und Erziehungsziele im Rahmen von Kompetenzclustern definiert. Schärfer formuliert: Bildung und Erziehung werden auf die Vermittlung bzw. Aneignung von Kompetenzen reduziert und zwar durchgängig: „Bildung in dem hier vorgeschlagenen Sinne ist ein Prozess des Aufbaus und der Vertiefung von Kompetenzen in den dargestellten Dimensionen" (12. KJB 2005: 32). Auch wenn dabei im speziellen Fall von *sozialen* Kompetenzen die Rede ist (vgl. ebd.), so muss man sich dabei klar vor Augen halten, dass eine Kompetenz *per se* am Individuum ansetzt und vom Individuum ausgeht. Das heißt, dass mit dem gegenwärtig pädagogisch hoch favorisierten Kompetenzmodell auch die Thematik des Sozialen höchst individualisiert aufgefasst wird. Damit ist zwar die Problematik des Gemeinschaftsbegriffs umwandert, aber eben nicht nur dessen Problematik, sondern auch dessen guter Sinn und eigentliche Bedeutung. Gemeinschaft ist jedenfalls nicht einfach die Summierung einer Mehrzahl von Individuen und sei es auch mit noch so guten sozialen Kompetenzen. Gemeinschaft betrifft wesentlich die Bestimmung der Qualität eines zwischenmenschlichen Verhältnisses, nicht oder nur peripher aber die Bestimmung von Qualitäten des Einzelnen. Am Ende steht der Schulabgänger da, hoch kompetent in allen „Dimensionen" und für die nächste Pisa-Studie bestens gerüstet. Aber als Einzelkämpfer steht er da. Willkommen im ‚freien' Wettbewerb des Kapitalmarktes und im Kampf um die gesellschaftliche Existenz (vgl. Beck 1986: 214f). *Struggel for life* hieß das bei Darwin. Nur der Stärkere setzt sich durch. Es lebe der ich-zentrierte Egoismus! Und wer an den strukturellen Defiziten und systemimmanenten Widersprüchen der Arbeitsmarktgesellschaft scheitert, ist selber schuld (vgl. dazu Beck 1986: 117ff).

Im speziellen Hinblick auf erlebnispädagogische Maßnahmen zeigt sich entsprechendes. „Erlebnispädagogik bezieht sich in ihren Zielen und Aufgaben vorrangig auf das Individuum. Sie hat die individuelle Persönlichkeitsentwicklung im Blick, das persönliche Wachstum der Teilnehmer" (Münchmeier 2004: 24).

Eine skeptische Haltung dem Gemeinschaftsbegriff gegenüber ist aus besagten Gründen sicher angebracht, doch besteht auf der anderen Seite eben die Gefahr, das Kind mit dem Bade auszuschütten und einem planen *Individualismus* das Wort zu reden. Um zwischen diesen beiden schroffen Klippen unbeschadet hindurch navigieren zu können, ist es erforderlich, einen neuen, *kritischen* Gemeinschaftsbegriff zu etablieren, d.h. einen Gemeinschaftsbegriff, der scharf zu differenzieren ist von einem *Kollektivismus*, der den Einzelnen dem größeren sozialen Ganzen unterzuordnen bereit ist und darauf verfallen mag, den Gemeinschaftsbegriff ideokratisch zu missbrauchen, um diktatorische und menschenverachtende Herrschaft von links wie von rechts zu legitimieren.

Vor dem Hintergrund der obigen Ausführungen ergibt sich als ein zentrales Anliegen dieser Untersuchung, durch eine intensive Auseinandersetzung mit dem Schaffen Kurt Hahns und Paul Natorps einen Beitrag zum Projekt der Etablierung eines wohlverstandenen und im besagten Sinne *kritischen* Gemeinschaftsbegriffes für eine gegenwärtige pädagogische Aufgabenstellung zu leisten. In den erziehungstheoretischen Konzepten sowohl Hahns als auch Natorps lässt sich als zentrales Bestreben erkennen, der Idee der Gemeinschaft zu neuer Beachtung und Wirklichkeit zu verhelfen. Hahn konzipiert das Salemer Internat in der Tradition der Landerziehungsheimbewegung stehend als Lebensgemeinschaftsschule. Und Natorp legt einen Gesellschaftsentwurf vor, in welchem die Bildung der Gemeinschaft, respektive die Gemeinschaft der Bildung, Ausgangs- und Zielpunkt zugleich ist.

In der folgenden Explikation der beiden Konzepte wird sich zeigen: bei aller Bedeutung, welche Natorp und Hahn dem Begriff der Gemeinschaft zu verleihen bemüht sind, grenzen sich beide dezidiert gegenüber einem Kollektivismus ab, der das Wohl des Einzelnen zu übergehen bereit ist. Demnach sind beide pädagogischen Konzepte grundsätzlich anschlussfähig für die Etablierung eines Gemeinschaftsbegriffs, welcher der geforderten Bedingung zu entsprechen, welcher mithin als ein kritischer bezeichnet zu werden vermag.

Der Beitrag, den Natorp und Hahn für eine dringlich anstehende Rehabilitierung und Refundierung des Begriffs und des Konzepts von Gemeinschaft zu leisten vermögen, ist ein überaus wertvoller, doch ist dies nicht der einzige Gesichtspunkt, unter welchem ihrem Schaffen Bedeutung für aktuelle gesellschaftliche und im Speziellen pädagogische Entwicklungen zukommt. Auch soll der thematische Rahmen dieser Studie nicht allein auf Analyse und Vergleich der Gemeinschaftskonzepte von Hahn und Natorp beschränkt bleiben, sondern zunächst eine möglichst umfassende Explikation ihrer erziehungstheoretischen Konzepte als solcher beinhalten. Von daher seien im Folgenden noch einige weitere eminente Gesichtspunkte umrissen, welche wertvolle Bezüge zu gegenwärtigen Diskussions- und Problemzusammenhängen einsichtig machen.

1. Zur Aktualität von Kurt Hahn: Erlebnispädagogik und Internatsschulkonzept

Es dürfte sich von selbst verstehen, dass es im Zusammenhang mit der Diskussion aktueller Konzepte immer auch gewinnbringend ist, den Blick auf die geschichtliche Entwicklung und die Ursprünge zu richten. Ein derartiger Rückblick trägt dazu bei, den eigenen Problemhorizont zu erweitern und Argumentationsgänge zu vertiefen.

In spezieller Hinsicht auf die Belange der Erlebnispädagogik und deren selbstkritische und zukunftsweisende Standortbestimmung fordert Münchmeier dementsprechend, dass sie „ihre Traditionen und Entwicklungen ernst nimmt, und von ihnen Gebrauch macht" (Münchmeier 2004: 26). Einer der wichtigsten Vertreter, die es hierbei zu berücksichtigen gilt, ist zweifelsohne Kurt Hahn. Er war es, der die klassische Form dessen, was wir heute „Erlebnispädagogik" nennen, auf den Weg gebracht und durch seine *Outward Bound*-Kurzschulkurse international bekannt gemacht hat. Damit kann er als Begründer der modernen Erlebnispädagogik, in seiner Begrifflichkeit noch „Erlebnistherapie", betrachtet werden.³ Der immer noch wachsende Wert dieses Konzeptes für eine professionelle Sozialpädagogik ist unbestritten: „Erlebnispädagogik gehört zu den Teilbereichen der Pädagogik, die am meisten versprechen, am stärksten faszinieren" (Treptow 2004: 68). ‚Action', Abenteuer, Erlebnis, Natur und dergleichen zugkräftige Schlagworte mehr stehen bei Heranwachsenden nach wie vor hoch im Kurs. Es ist die Erlebnispädagogik, welcher der glückliche Umstand zukommt, diese attraktiven Topoi *per definitionem* zu beheimaten.

Eine weitere, hochaktuelle Thematik, zu welcher sich aus einer Beschäftigung mit Kurt Hahn entscheidende Anregungen und Impulse erhoffen lassen, ist die Debatte um eine Reform der deutschen Schulsysteme. Ein umfassendes und praktisch realisiertes Internatsschulkonzept, wie wir ihm bei Hahn begegnen, stellt gewichtige Orientierungspunkte und Maßstäbe speziell im Hinblick auf das Modell einer Ganztagsschule bereit. Gerade das Ganztagsschulmodell ist es, welchem gegenwärtig von erziehungswissenschaftlicher und bildungspolitischer Seite her starkes und wachsendes Interesse entgegengebracht wird (vgl. 12. KJB 2005: 13f) und für welches sich immer mehr private und öffentliche Schulen entscheiden.

Als ein weiterer Punkt kommt hinzu, dass sich, wie Medienberichten zu entnehmen ist, die von Hahn favorisierte und praktizierte Privatisierung der schulischen Bildung in einem deutlichen Aufwärtstrend befindet. „Jede Woche", so titulierte DIE ZEIT (18. Okt. 07; Nr. 43: 1), „wird in Deutschland eine neue Privatschule eröffnet".

Es sei noch ein klärendes Wort zum Verhältnis von dem „Schulpädagogen" und dem „Erlebnispädagogen" in Kurt Hahn gesagt: Es handelt sich hier nicht um zwei unverbundene Seiten seines Schaffens. Vielmehr ist die Hahnsche „Erlebnistherapie" als eine konsistente Weiterentwicklung und Ausdifferenzierung eines wesentlichen Mo-

---

³ Der heutige Sprachgebrauch ist vom Ausdruck ‚Erlebnistherapie' zu Gunsten des etwas bescheideneren Begriffs ‚Erlebnispädagogik' abgerückt. Um den Bezug zum Hahnschen Denken zu betonen, wird in dieser Arbeit aber auch der originäre Ausdruck immer wieder Verwendung finden.

mentes zu betrachten, das im Schulleben von Anfang an präsent war und bleiben sollte (vgl. Kap.III.5; 6).

2. Zur Aktualität von Paul Natorp: Sozialpädagogik und Einheitsschulkonzept

Paul Natorps Relevanz für aktuelle Problemkontexte ergibt sich in besonderem Maße hinsichtlich der immer noch kontrovers geführten Auseinandersetzung um Konturen, Aufgaben und Selbstverständnis disziplinärer Sozialpädagogik. Niemeyer bezeichnet in seiner Darstellung der *Klassiker der Sozialpädagogik* Paul Natorp nicht von ungefähr als den „vergessensten aller Sozialpädagogen" (vgl. Niemeyer 1998: 79ff). Dabei war Natorp, was die Debatte um die disziplinäre Gestalt von Sozialpädagogik anbelangt, der erste, der mit seinem sozialpädagogischen Hauptwerk, *Sozialpädagogik – Theorie der Willenserziehung auf der Grundlage der Gemeinschaft* (1. Aufl. 1899), eine umfassende Theorie der Disziplin vorgelegt hat. Mit einer bemerkenswerten Kontinuität widmete Natorp einen Großteil seines Denkens und Schaffens dem Projekt der philosophischen Fundierung und wissenschaftlichen Verankerung von Sozialpädagogik (vgl. Reyer 2002: 155ff; Henseler 2000a: 49ff; Niemeyer 1998: 79ff). Dabei hat er das Verhältnis von Individuum und Gemeinschaft im Hinblick auf Erziehung und Bildung in einem Umfang und mit einer Tiefenschärfe sozialphilosophisch durchdacht und beleuchtet, wie wenige vor und nach ihm.

Natorp versteht Sozialpädagogik in einem uns heute eher weniger geläufigen, umfassenderen Sinne: Gegenstand und Aufgabe dieser Wissenschaft ist nach Natorp die Frage nach den sozialen Bedingungen der Bildung und den Bildungsbedingungen des sozialen Lebens, zusammen mit dem praktischen Engagement für eine Humanisierung der Gesellschaft durch eine Humanisierung des Bildungs- und Erziehungswesens.

> Sozialpädagogik „hat, als Theorie, die sozialen Bedingungen der Bildung und die Bildungsbedingungen des sozialen Lebens, und zwar unter der berechtigten Voraussetzung, daß die Gesellschaftsform veränderlich, daß sie der Entwicklung unterworfen sei, zu erforschen; als Praxis, Mittel und Wege zu finden, um jene

wie diese Bedingungen gemäß der Idee, welche das Ziel gedachter Entwicklung bezeichnet, herbeizuführen und zu gestalten" (Natorp 1894: 62f).[4]

Ein weiterer zentraler Gesichtspunkt, Natorps Wert für aktuelle Diskussionszusammenhänge wieder zu entdecken, bildet sein ihn mit Hahn verbindendes Engagement für die Entwicklung und Umsetzung neuer Schulkonzepte und Unterrichtsformen. So kann sein Entwurf der *Sozialeinheitsschule* als Vorlage zum Modell einer integrativen Gesamtschule gelesen werden. Dieser Entwurf ist es, dem speziell im Hinblick auf den intendierten Vergleich mit dem Schulgründer Hahn in der Darstellung der Position Natorps besondere Aufmerksamkeit zu widmen sein wird.

Auch lassen sich, was die aktuell geforderte verstärkte Umsetzung von Projekt- und Gruppenarbeit im schulischen Unterricht anbelangt (vgl. Bildungsplan HS 2004: 47; 61; 136), bei Natorp, wie übrigens auch bei Hahn, beachtenswerte Anregungen gewinnen.

3. Konkretisierung der Fragestellung und Aufbau der Studie

Vorab gilt es, danach zu fragen, was einen Vergleich von Kurt Hahn und Paul Natorp legitimiert und interessant macht. Zunächst: Der grundsätzliche Wert eines Vergleichs als solchem liegt unbestritten in seiner heuristischen Funktion, d.h. die Merkmale einer spezifischen Denk- und Handlungsweise treten gerade im Kontrast zu einer anderen besonders deutlich hervor. Doch diese rein formale Begründung allein ist nicht hinreichend. Sie muss durch inhaltliche Argumente ergänzt werden. Ein solches ist, dass die zu vergleichenden Konzepte grundlegende gemeinsame Bezugspunkte aufweisen, ohne dabei freilich komplett in eins zu fallen. Ein Vergleich verspricht also besonders dann, aufschlussreich zu werden, wenn die entscheidenden Fragen, mit denen sich die zu vergleichenden Akteure auseinandergesetzt haben, im Kern demselben Problemkreis entspringen.

Ein solcher, für das Denken Hahns und Natorps zentraler und gemeinsamer Problemkreis erwächst ohne Zweifel aus dem kulturellen und gesellschaftlichen

---

[4] Um eine konsistente Begrifflichkeit zu gewährleisten, wird der Ausdruck *Sozialpädagogik* abweichend von dem uns heute geläufigen Verständnis – wenn nicht anders vermerkt oder aus dem Kontext ersichtlich – in dieser umfassenderen Bedeutung, d.h. im Sinne Natorps, verwendet.

Zusammenbruch nach dem Ersten Weltkrieg und der damit verbundenen tiefen Erschütterung nicht nur der deutschen, sondern der gesamteuropäischen politischen, wirtschaftlichen und kulturellen Strukturen. Das Wilhelminische Kaiserreich hatte sich überlebt und war mit der durch militärische Rückschläge erzwungenen Abdankung des Kaisers an sein überfälliges Ende gelangt. Wohl lag der deutsche Staat nach Ende des Krieges am Boden, doch gerade darin bestand auch die Chance des Neubeginns.

Lebensgeschichtlich in diese existenzielle Katastrophe gleichermaßen involviert, suchten sowohl Hahn als auch Natorp ihren Beitrag zum politischen und gesellschaftlichen Neubau von Seiten der Pädagogik her zu leisten. Erneuerung der Gesellschaft durch Erneuerung der Erziehung und Bildung, das war das Projekt, dem das pädagogische Schaffen beider in den frühen 20er-Jahren verpflichtet war. Für Hahn bedeutete dies die Abkehr aus dem Geschäft der Politik und den Eintritt in die „pädagogische Provinz", d.h. den Aufbau einer Internatsschule nach reformorientierten und erlebnispädagogischen Richtlinien; für Natorp eine erneute und grundlegende Durcharbeitung seiner pädagogischen und philosophischen Prinzipien und deren Reformulierung im *Sozialidealismus*, seinem „Kriegs- und Revolutionsbuch" mit dem programmatischen Untertitel *Neue Richtlinien sozialer Erziehung*. Natorps Werk erscheint 1920, dem Jahr der Gründung der Internatsschule Schloss Salem. Wie *Salem* als Hahns, so kann der *Sozialidealismus* als Natorps essentieller Beitrag zur Neugestaltung von Erziehung, Gemeinschaft und Gesellschaft angesehen werden. Das Suchen und Formulieren von Antworten auf die existenziellen Nöte der gesellschaftlichen Umbruchszeit um 1919/20 bildet also einen zentralen und synchronen Motivationsfaktor des pädagogischen Schaffens beider; womit sich dieses Bestreben als hervorragend geeigneter Bezugsrahmen des anzustellenden Vergleichs erweist.

Damit lässt sich Aufgabe und Thema dieser Studie wie folgt konkretisieren: Ziel ist eine vergleichende Analyse der erziehungstheoretischen Konzepte von Paul Natorp und Kurt Hahn, wie sie im *Sozialidealismus* und in der *Internatsschule Schloss Salem* als ihren zentralen Beiträgen zur, nach der Zäsur des Ersten Weltkriegs notwendig gewordenen, gesellschaftlichen Erneuerung zum Ausdruck kommen.

Im weiteren Verlauf wird sich zeigen: eine gleiche Suche bedingt nicht die gleichen Antworten. So darf das Spannungsverhältnis, in welchem Natorp und Hahn stehen und welches einen Vergleich inhaltlich überhaupt erst ergiebig zu machen verspricht, nicht übersehen werden. Dazu sei vorab soviel bemerkt: Im Jahr 1920 steht der 33-jährige Hahn zeitlich gesehen am Anfang, der 66-jährige Natorp hingegen auf dem Höhepunkt seines pädagogischen Schaffens. Letzterer hat in Marburg einen Lehrstuhl für Philosophie und Pädagogik inne und konzipiert seine Lösungsansätze entsprechend von akademisch-wissenschaftlicher Seite her, während der aus dem politischen Geschäft kommende Hahn sich ganz konkret an die praktische Umsetzung seiner pädagogischen Prinzipien macht. Natorps Schaffen bleibt zeitlebens grundlagen- und theorieorientiert, während Hahn ganz entschieden ein Mann der Praxis war. Er „verfasste kein pädagogisches Gesamtwerk, er war kein Theoretiker […]." (Friese 2000: 16f). Dafür hat er seine gesamte Schaffenskraft ab den 20er-Jahren der unmittelbaren und konkreten Umsetzung seiner pädagogischen Vorstellungen gewidmet. Natorp hingegen ist immer auch als Philosoph und Vertreter des Kritischen Idealismus neukantianischer Prägung zu sehen. Als solcher sah er die Sozialpädagogik wohl als *ein* essentielles Aufgabenfeld, aber eben doch nur als eines unter anderen mehr. Sein Verdienst auf diesem Gebiet liegt, wie bereits angedeutet, in der theoretischen Entfaltung und Fundierung der Sozialpädagogik als *Disziplin*.

Weltanschaulich vertritt Natorp das Ideal eines *ethischen*, aber darum nicht weniger radikalen[5] *Sozialismus* mit dem Ziel der Aufhebung der kapitalistischen durch eine genossenschaftliche Wirtschaftsordnung und der Umwandlung der politischen Organisation nach Maßgabe basis- und rätedemokratischer Grundsätze, wohingegen sich Hahns politisches Ideal an dem (eher liberal-konservativen) Zweikammersystem des Viktorianischen England orientiert. Das kapitalistische Wirtschaftssystem rückt so gut wie gar nicht in den Horizont von Hahns Kritik. Als ein erster Hinweis auf Differenzen in Position und Perspektive mag dies genügen. Detaillierte Ausführungen wird der eigentliche Vergleichsteil mit sich bringen.

---

[5] ‚Radikal' meint bei Natorp ‚von der Wurzel (lat.: radix) her', d.h. ‚von Grund aus'; nicht aber eine Form von militantem Aktionismus, wie der heutige Sprachgebrauch das nahe legen mag.

Zum Aufbau der Untersuchung: Zunächst geht es darum, für Natorps und Hahns Denkentwicklung relevante lebensgeschichtliche Ereignisse und Wendepunkte darzustellen (Kap. II und III). Es folgt eine möglichst umfassende und konsistente Explikation des jeweiligen erziehungstheoretischen Konzeptes (Kap. IV und V). Auf dieser Basis kann die intendierte Erörterung von Gemeinsamkeiten und Unterschieden dann stichhaltig aufgebaut werden (Kap. VI). Der Schlussteil (Kap. VII) bietet Raum für eine kritische Bilanz, die Erarbeitung weiterführender Fragestellungen und die dialektische Entwicklung möglicher Synthesen.

Die großen Hoffnungen sowohl Hahns als auch Natorps ruhen, was die Neuordnung von Staat und Gesellschaft anbelangt, auf der Jugend. Von daher sehen beide ihre entscheidende Herausforderung darin, für eine bessere Zukunft der kommenden Generation in ihrem Werden beiseite zu stehen. Der Anspruch, der sich für die Pädagogik daraus ergibt, ist ein hoher. Doch nicht weniger hoch waren Engagement und Einsatz, mit welchen beide für dessen Einlösung eingetreten sind, – ein jeder auf seine Weise.

II. Paul Natorp: Blick über Leben und Werk
1. Zur Quellenlage und zur Relevanz Natorps Biographie

Die detailreichsten, mir zugänglichen Quellen zur Biographie Natorps sind eine Abhandlung von Friedrich Trost in „Erziehung im Wandel. Paul Natorp – Ein Lebensabriss" (Trost 1955: 15-30) und eine Darstellung desselben Autors in „Lebensbilder aus Kurhessen" (Trost 1958: 233-249). Beiden Darstellungen ist der Makel gemein, dass sie dazu tendieren, verklärend zu stilisieren. Doch der hagiographische Ansatz Trosts verschleiert von der Person Paul Natorp mehr, als dass er zu erkennen gibt. Auch macht er viele Aussagen für eine weitere, wissenschaftliche Verwendung nur eingeschränkt brauchbar. Profund aufgearbeitete Informationen zu Natorps Lebensgeschichte sind in der veröffentlichten Literatur kaum vertreten. Die einschlägige Monographie von Norbert Jegelka *Paul Natorp – Philosophie, Pädagogik, Politik* (1992) ist profund gearbeitet und detailreich, doch ihr Augenmerk liegt klar auf der Werkgeschichte. Biographisches kommt, abgesehen von den üblichen Eckdaten, nur in Nebensätzen zur Sprache. Damit folgt Jegelka einem Leitsatz, den sich Natorp in Anlehnung an Kants Vorwort zur *Kritik der reinen Vernunft* selbst zueigen gemacht hat: „De nobis ipsis silemus"[6], – will heißen: es geht nicht um den Autor, sondern um die Sache. Ein Standpunkt, der, wenn wir nicht in einen Psychologismus oder anarchischen Relativismus, wie ihn beispielsweise Paul Feyerabend vertreten hat, verfallen wollen, durchaus vernünftig ist. Eine These könnte keine allgemeinere Gültigkeit beanspruchen, wenn sie abhängig wäre von ihrer Genese. Gerade im Kontext von Wissenschaft und Philosophie gilt es daher, sich der Differenz zwischen Genesis und Geltung einer Aussage bewusst zu bleiben. Also ist es nur konsequent, wenn Natorp von der Darstellung seiner Person absehen will: „Es kann hier nicht die Absicht sein, als neuen Brauch einzuführen, daß man von sich spricht, statt von der Sache". Somit bleiben konkrete Hinweise auf Natorps Lebensgeschichte auch in der von eigener Hand verfassten „Selbstdarstellung" überaus rar (vgl. Natorp 1921: 151ff).

Trotzdem soll im Folgenden nicht gänzlich von der Biographie abgesehen werden. Dies aus folgendem Grunde: Auch wenn aus den Zeit- und Lebensumständen eines

---
[6] „Über uns selbst schweigen wir" (vgl. KrV, B II). Kant übernimmt diese Stelle aus dem Vorwort der *Instauratio magna* von Francis Bacon (1561-1626).

Menschen dessen Denken nicht einfach abgeleitet werden darf, so ist deren Kenntnis doch hilfreich, ein umfassendes und besser fundiertes Verständnis desselben zu gewinnen. Auch bildet der zeitgeschichtliche Problem- und Erfahrungshorizont, vor und an welchem Einsichten gewonnen und Theorien formuliert werden, eine wichtige Grundlage, wenn es darum geht, diese in einen größeren geistesgeschichtlichen Zusammenhang einzuordnen und von diesem her zu hinterfragen. Wenn im Folgenden also von den Zeit- und Lebensumständen Paul Natorps berichtet wird, dann mit primärem Interesse an denjenigen Ereignissen und Entwicklungen, die in engem Zusammenhang mit seinem pädagogischen Schaffen stehen. Da der Blick auf die Biographie also der Sache dient, bleibt die berechtigte Hoffnung, damit auch Paul Natorps Zuspruch gewinnen zu können; dann nämlich, wenn „so von sich sprechen zur Sache sprechen heißt" (Natorp 1921: 151).

2. Elternhaus – Schulzeit – Studienjahre (1854-1880)

Paul Gerhard Natorp wurde am 24. Januar 1854 in einer evangelischen Pastorenfamilie geboren, die seit 1594 sechs Pfarrergenerationen aufweist (vgl. Trost 1958: 233). Er war das drittälteste Kind von insgesamt 11 Geschwistern. Der Großvater lehrte ihn, noch bevor er in die Schule kam, das Lesen. Sein Vater, ein „dogmatisch strenger Pfarrer", unterrichtete ihn früh morgens von halb fünf bis fünf Uhr im Klavierspiel (vgl. ebd.). Mit fünf betritt er die Elementarschule, mit acht das Düsseldorfer Gymnasium. Sein Interesse lag zunächst bei der Mathematik, dann auch bei den altgriechischen Schriftstellern. 1871 nahm er siebzehnjährig an der Universität zu Berlin das Studium der Geschichte und der klassischen Philologie auf. Weitere Studienorte waren Bonn und Straßburg, wo er 1875 mit einer philologischen Arbeit promovierte und bald darauf sein Staatsexamen absolvierte (Trost 1958: 237). Noch war ihm der Weg zur akademischen Philosophie nicht vorgezeichnet, denn die seinerzeit vorherrschende philosophische Strömung des Materialismus provozierte eine ablehnende Haltung in ihm. Rückblickend schreibt er:

> „Mit schütternder Gewalt aber ergriff mich dann (wie ebenfalls viele damals) etwas ganz anderes, in seiner Art doch auch Philosophisches, vielleicht die deutscheste und kosmischste Philosophie, ich meine die Musik Bachs, Beethovens und der Ihren, vor allem des damals siegreich durchdringenden Richard Wagner, dessen neue ‚Kunst' ja mit nicht geringen philosophischen Ansprüchen auftrat und mich für Jahre völlig in Bann schlug, so daß für wenig anderes, am wenigsten für abstrakte Philosophie, in mir Raum blieb. Ohnehin hatte es die Philosophie der Katheder nur zu gut verstanden, mich, wie beinahe

jeden, in dem noch ein Funke von Philosophie ums Leben rang, ganz von sich zu verscheuchen" (Natorp 1921: 152).

So blieb sein philosophischer Drang zunächst ungestillt. Gegen Ende seiner Studienzeit befand er sich „innerlich wie äußerlich in einer Verwirrung, die an Verzweiflung grenzte" (ebd. 153). Auch die Philologie erfüllte ihn nun nicht mehr:

> „Die elende Kleinigkeitskrämerei der klassischen Philologie ärgerte mich immer mehr, je mehr ich überzeugt bin, daß noch viel, viel Großes zu tun ist in der Welt, wozu so viel Scharfsinn und Interesse geistig bedeutender Menschen viel besser angewandt wäre … ich will lieber Bedeutendes wollen auf die Gefahr hin, ihm nicht gewachsen zu sein, als Unbedeutendes wollen und Unbedeutendes leisten" (zit. n. Trost 1958: 236).

Gegen Ende seiner Studienzeit macht ihn ein Freund auf eine neue Strömung der Philosophie aufmerksam, „die es sich zu studieren lohne" (Natorp 1921: 153). Gemeint war die Philosophie Kants, neu aufgegriffen durch Albert Lange und vor allem durch Hermann Cohen, dem Begründer der Marburger Schule des Neukantianismus. Die Entdeckung der Marburger Schule führte Natorp zur Philosophie zurück. Hier fand er, was er bisher vermisst hatte: kritischen Geist, Wissenschaftlichkeit und einen philosophischen Ansatz mit Zugang zum Menschen, zur Gesellschaft und den Nöten der Zeit. Doch bevor Natorp nach Marburg übersiedelte, um seine akademische Laufbahn fortzusetzen, absolvierte er noch ein Probejahr am reformierten Gymnasium in Straßburg mit vorausgehenden und nachfolgenden Hauslehrertätigkeiten in Dortmund und Worms (vgl. Trost 1958: 237).

3. Der Weg zur Sozialpädagogik (1880-1914)

1880 bot sich dem 26-Jährigen die Möglichkeit in Marburg eine Stelle an der Universitätsbibliothek zu übernehmen. Dort angekommen suchte er sogleich den Kontakt zu Hermann Cohen, bei welchem er sich 1881 über „Descartes Erkenntnistheorie" habilitierte. 1885 wurde er zunächst außerordentlicher, 1893 dann ordentlicher Professor im Fach Philosophie, gekoppelt an einen Lehrauftrag für Pädagogik. Ab hier tritt die Person Paul Natorp mehr und mehr hinter Werk und Sache. Erwähnt sei zu seinem persönlichen Umfeld noch, dass er 1887 seine Cousine, Helen Natorp, heiratete, mit welcher er fünf Kinder zur Welt bringen sollte. Marburg ist er sein weiteres Leben über treu geblieben.

Ab den frühen 90er-Jahren rückt neben der Philosophie des Neukantianismus die Sozialpädagogik ins Zentrum seiner Aufmerksamkeit. Die erste Wegmarke dazu bildet die *Religion innerhalb der Grenzen der Humanität – Ein Kapitel zur Grundlegung der Sozialpädagogik* von 1894. Mit der *Sozialpädagogik – Theorie der Willenserziehung auf der Grundlage der Gemeinschaft* erscheint 1899 sein pädagogisches Hauptwerk. Natorp war sich der politischen Verantwortung der Wissenschaften stets bewusst und von daher war sein Engagement nie bloß der Theorie verpflichtet, sondern zielte immer auch auf eine Veränderung der gesellschaftlichen Realität. So provozierte die reaktionäre Schulgesetzgebung des Kaiserreichs, das seinen Bestand zu festigen suchte, über Jahre immer wieder seine Kritik. Natorp eröffnete, ganz im Sinne Bourdieus, das *Gegenfeuer* und opponierte in zahlreichen Aufsätzen, Zeitungsartikeln und Vorträgen gegen den Entwurf des preußischen Schulunterhaltungsgesetzes von 1905, einer Neuauflage des im Jahre 1881 von Graf Zedlitz-Trütschler, dem preußischen Kultusminister, eingebrachten, aber damals noch gescheiterten, „neuen Volksschulgesetzentwurfes" (vgl. Jegelka 1992: 32). Zentral war Natorps Forderung nach einer Entkonfessionalisierung der Schule und der Befreiung der Schüler vom Bekenntniszwang. Natorp kämpfte allerdings nicht für die Abschaffung des Religionsunterrichts. Es ging ihm um „gemeinsame Unterweisung in Religion, unter Fernhaltung jedes dogmatischen Anspruchs, jedes Bestrebens, ein Bekenntnis irgendwelcher Art zu erzielen, dagegen bezweckend eingehende Kenntnis und, soweit möglich, inneres Verständnis des Religiösen" (zit. n. Trost 1955: 34). Des Weiteren wollte er Schule und Lehrplan frei wissen von manipulatorischen, auf die Befestigung der eigenen Herrschaft zielenden Eingriffen der amtierenden Staatsmacht.

Mit der Forderung nach organisatorischer und inhaltlicher Autonomie des Schulwesens verbunden war bei Natorp die Forderung nach einer allgemeinen Volksschule, welche „die Jugend aus der Gesamtheit des Volkes ohne Unterschied des Standes und des zukünftigen Berufes in den Elementarunterricht aufnimmt [...]" (Trost 1955: 33). Mit dem Konzept einer solchen „Einheitsschule" war es Natorp darum zu tun, die reale Spaltung des Erziehungswesens in proletarische Volksschulen und in den höheren Ständen vorbehaltene Standesschulen zu überwinden (vgl. Jegelka 1992: 105).

Eminent war auch Natorps Einsatz für den Ausbau der Erwachsenenbildung im Kontext der Volkshochschulbewegung. Konkret engagierte er sich im Rahmen der *University-Extension* für die Einrichtung „volkstümlicher Universitätskurse" (vgl. Jegelka 1992: 101f). Er sah darin einen wesentlichen Schritt auf dem Weg, „dem Volke die Freiheit sittlicher Verantwortung zu erobern" (zit. n. Jegelka 1992: 101). Als die ‚Universitäts-Ausdehnungs-Bewegung' dann zu einer „bloßen Mittelstandsbewegung" herabzusinken drohte, zeigte sich ihm ein neues Vorbild in der englischen *Workers Educational Association*, die von Arbeiterschaft und Universitätslehrern gemeinsam getragen wurde und im *Rhein-Mainischen Verband für Volksbildung* ihre erste Ausgestaltung in Deutschland erfahren hat (vgl. Jegelka 1992: 102).

4. Erster Weltkrieg - Revolution - Jugendbewegung (1914-1924)

Ausbruch und Verlauf des Ersten Weltkrieges (1914-1917) erschütterten Natorps Leben und Schaffen nachhaltig:

> „Es hat mich förmlich überfallen mit dem furchtbaren Ereignis dieses Krieges, ich kann fast sagen, genau seit dem 1. August 1914, und hat mich seitdem keinen Tag, fast keine Stunde mehr losgelassen. Ich fragte mich: Was treibst du doch all die Zeit? Kann es denn dir, kann es denen, auf die du wirken sollst, genügen? Erkenntnistheorie, immer wieder Erkenntnistheorie, Plato und Kant, und Kant und Plato; kaum die Nachkantianer, und die Vorkantianer, die Alten fast nur in Rücksicht auf Kant und Plato, Plato und Kant und – Erkenntnistheorie. Das ist deine Welt! Das heißt eine Welt! Dein so begrenztes akademisches Wirken – und das noch fraglichere außerakademische, du nennst es ‚Sozialpädagogik' – ist das denn wirklich diese unablässige, atemlose Arbeit eines ganzen Lebens wert? Erwarten, verlangen die, die jetzt wohl mehr als früher und vertrauender zu dir kommen, nicht im Grunde ganz anderes von dir? Und mein Zweifel griff weiter: Unsere Universitäten, genügen sie dem, was die Zeit, diese harte Zeit, fordert? Unsere Politik, die der Parteien, wie der Regierenden, auch die bestgemeinte soziale, sozialwirtschaftliche, sozialpolitische, sozialerzieherische Arbeit, trifft sie den Kern dessen, was unserer Zeit not ist und wonach sie lechzt? Heißer und heißer hatte mich das schon seit Jahren bedrängt, öfter schon hatte ich, hatten andere gewarnt. Aber als nun das Ungeheure kam, als dieser Wahnsinn der Selbstzerstörung einer sich spreizenden ‚Kultur', die keine war, zu diesem grauenhaften Ausbruch kam, der das Unechte entlarvt, aber viel zu viel Echtes mit in den Strudel reißt, - da überfiel es mich mit einer Gewalt, daß ich meine ganze Kraft zusammenraffen musste und täglich wieder zusammenraffen muß, um nicht zu erliegen. Es gilt dem Feind fest ins Auge sehen, erst einmal erkennen, wo und wer er ist" (Natorp 1918: 7).

Entwurzelung der Familien wie des Einzelnen, Verstädterung, Massenarbeitslosigkeit, Armut und Verelendung, vor allem aber die immer stärkere Spaltung der

Gesellschaft in die (besitzlose) Klasse der Lohnarbeiter und die (besitzende) Klasse der Inhaber der Produktionsmittel ('Proletarisierung') waren Natorp als Folgeprobleme des entfesselten Hochkapitalismus und des Wandels „von der ständisch-korporativen und in vielem stationären Gesellschaft der vormodernen Welt hin zu der individualisierten, liberalen und in vielem mobilen Massengesellschaft der Moderne" (Reyer 2002: 13) aus eigener Anschauung bekannt. Sie alle trugen ihren Teil zum Ausbruch des Ersten Weltkrieges bei. Zumindest für Deutschland wurden sie durch dessen Ausgang aber zunächst nur noch weiter verschärft. „Das gleiche Unheil frißt unaufhaltsam weiter. Die gleichen Ursachen ziehen die gleichen Folgen überall nach sich" (Natorp 1920: 45).

Doch Natorp lernte, wie andere neben ihm, den beinahe totalen Zusammenbruch auch als Chance zu begreifen, als Chance zu einem umfassenden und tief greifenden Neubeginn, als Chance des Neubaus von Staat und Gesellschaft und zwar von Grund auf. Intensiv hatte er sich bereits Mitte der 70er-Jahren mit Friedrich Albert Langes „Geschichte des Materialismus und Kritik seiner Bedeutung in der Gegenwart" (1866) beschäftigt. Auch war er mit den Schriften der französischen Frühsozialisten bestens vertraut, allen voran mit Condorcet[7], Sorel und Proudhon (vgl. Jegelka 1992: 172). Wenn Natorp auch die materialistische Geschichtsauffassung als verfehlt abgelehnt hat, so übernahm er von Marx doch zentrale Ansätze zur Kapitalismuskritik, insbesondere die Mehrwerttheorie mit ihrer Analyse der Ausbeutung der Arbeitskraft der Lohnarbeiter durch die Eigner der Produktionsmittel.

Vor diesem Hintergrund setzte Natorp zunächst große Hoffnungen in die Novemberrevolution. Die tieferen Ursachen dieser Revolution waren die sozialen Spannungen im Kaiserreich, seine rückständige, undemokratische Verfassung und die Reformunfähigkeit seiner Machteliten (vgl. Internet [16.1.08]: http://de.wikipedia.org/wiki/Novemberrevolution). Doch nicht zuletzt wegen der zunehmenden Gewaltbereitschaft der Akteure grenzt sich Natorp von dem realen Verlauf der Revolution immer dezidierter ab, was schließlich in der Einschätzung mündet: „[...] ich halte sie nicht bloß für konservativ, sondern schlechterdings reaktionär, sie hängt noch mit allen Fäden an dem, was zum Untergang verurteilt ist" (zit. n. Jegelka 1992: 170).

---

[7] Vgl. Paul Natorp: Condorcets Ideen zur Nationalerziehung (1894). In: Ders. Gesammelte Abhandlungen zur Sozialpädagogik. (1. Heft) Stuttgart 1922. 71-90.

Natorps eigenes Revolutionsprogramm fand seinen umfassendsten Ausdruck im *Sozialidealismus – Neue Richtlinien sozialer Erziehung*. „Im wesentlichen 1919 geschrieben und in Teilen im gleichen Jahr zu dem Zweck veröffentlicht, den Gang der politischen Diskussion und die Entwicklung der praktischen Politik unmittelbar zu beeinflussen, enthält dieses Werk den Versuch Natorps, der politischen Praxis die praktische Konsequenz der sozialpädagogischen Theorie des Staates, der Kritik der plutokratischen Demokratie und des Bolschewismus sowie der Theorie des genossenschaftlichen Sozialismus in der Skizze einer aus der Revolution hervorgewachsenen und die zukünftige Revolutionierung forcierenden genossenschaftlich-räteorganisatorischen Volksdemokratie aufzuzeigen" (Jegelka 1992: 144).

Natorps Hoffnungen lagen, was Revolution und Neubeginn anbelangt, immer auch und gerade auf der Jugend. „Die ‚Selbsterziehung' und ‚Selbsthilfe' der Jugend sollte zum Quellpunkt einer ‚Selbsterneuerung der Kultur' werden" (Jegelka 1992: 191). Von daher suchte Natorp zunehmend Kontakt zu Jugend und Jugendbewegung. 1914 nahm er am ersten Vertretertag der in der Tradition des Wandervogels stehenden *Freideutschen Jugend* in Marburg teil. Während des Krieges hielt er vor den *Freideutschen* mehrere Vorträge, die er 1918 unter dem Titel *Deutscher Weltberuf* veröffentlichte. „In seinen an die Jugend gerichteten Vorträgen und Aufsätzen trat Natorp jederzeit ein für Selbstbestimmung und Wahrheitssuche, für gemeinschaftliche Arbeit und Weltoffenheit. Scharf wandte er sich gegen Romantizismus, Sektierertum und Antisemitismus" (Jegelka 1992: 189).

Sein „außerakademischer" Einsatz blieb jedoch nicht auf die Unterstützung der Jugendbewegung beschränkt. „Schon bald nach dem Krieg begann er, sich sehr betont für eine Einrichtung zu engagieren, die mit der praktischen Arbeit für die Gemeinschaft Ernst machte – die ‚Soziale Arbeitsgemeinschaft Berlin-Ost' seines früheren Schülers Friedrich Siegmund-Schultze. Hier fand seine Hoffnung auf die harmonische Verbindung von Geist und Tat, von sozialer Theorie und sozialer Praxis fruchtbaren Boden und bleibende Heimstatt, hier fand er einen Widerhall, der tief in die Praxis wirkte" (Jegelka 1992: 193). Von angloamerikanischen Vorbildern aus der *Settlement-Bewegung* (Toynbee-Hall) beeinflusst, war die *SAG-Berlin-Ost* darum bemüht, Studenten und Akademikern den Rahmen zu bieten, in ärmliche Arbeiterviertel zu ziehen, um durch tätige Mithilfe und Unterstützung den

Gemeinschaftsgedanken zu verwirklichen und einen wesentlichen Beitrag zur Überwindung der Spaltung des Volkes zu leisten. „Erziehung zur Gemeinschaft durch wechselseitige Erziehung in gemeinschaftlicher Arbeit war im Kern der Sinn der ‚Sozialen Arbeitsgemeinschaft Berlin-Ost'" (Jegelka 1992: 194). Einer Einladung zu ihrer IV. Arbeitskonferenz folgend fasst Natorp 1921 die praktischen Aufgaben der SAG in einem Vortrag zum Thema „Die Erziehung der Jugend zum Gemeinschaftssinn" zusammen. Zentral dabei war seine Forderung nach „Wiederherstellung der Gemeinschaft" durch eine Neuordnung der Arbeit in genossenschaftlicher Organisation und durch die Umwandlung der Lebensverhältnisse vermittelt durch die bedingungslose Gleichstellung *mit* und den direkten Kontakt *zu* der arbeitenden Klasse. Erste Ansätze zur Verwirklichung eines solchen, vertieften „Sozialismus der Tat" sah Natorp seit dem Sommer 1919 auch in den vielfältigen Versuchen junger Menschen, an den verschiedensten Orten sozialistische Siedlungen ins Leben zu rufen. Natorp stand mit solchen Siedlungsversuchen in Kontakt und machte sich vor der III. Deutschen Reichsschulkonferenz, 1920 zu Berlin, dafür stark, dergleichen Probeversuche durch bürokratische Engstirnigkeit in keiner Weise zu beengen oder zu gefährden (vgl. Jegelka 1992: 185; 196).

Zu erwähnen ist noch der enge Kontakt Natorps zu den *Jungsozialisten*. Einer Einladung zu deren Ostertagung nach Hofgeismar folgend sprach er 1923 zum Thema Volk und Menschheit. Im Zentrum des Interesses der Tagung stand die brisante Frage nach dem Verhältnis der Sozialdemokratie zu Staat und Vaterland, eine Streitfrage, an welcher sich die Jungsozialisten im darauf folgenden Jahr bereits spalten sollten. Der internationalen Aufgabe der proletarischen Bewegung eingedenk plädierte Natorp für eine gemäßigte Haltung gegenüber dem eigenen Volk und Staat und opponierte damit gegen die Position eines Max Adler, für welchen die Demokratie der Weimarer Republik das Kampfmittel des Bürgertums war und der von daher die Sozialdemokratie von jeglicher staatspolitischen Verantwortung meinte freisprechen zu können. „Die Sozialdemokratie", so Adler, habe „heute kein Vaterland und keinen Staat, die sie verraten könnte" (zit. n. Jegelka 1992: 200). Natorps Position hingegen spiegelt sich vielmehr in der Formel Hermann Hellers wieder, nämlich dass „der Weg zur Menschheit durch das Volk führt" (zit. n. Jegelka 1992: 206). Natorp „votierte mit diesen Ideen in Hofgeismar nicht für den Nationalismus, sondern für Pazifismus und national betonte Internationalität" (Jegelka 1992: 207).

Gegen einen revolutionär-militanten Dogmatismus, dem der Zweck die Mittel heiligt, hält Natorp am Standpunkt eines *ethischen Sozialismus* fest.[8] Demnach kommt es nicht auf die letztgültige Realisierung des Zieles an, sondern vielmehr auf die (ethische) Wahrhaftigkeit des Weges. In dieser Hinsicht beruft sich Natorp auch auf Gandhi, den „wohl einzigen wirklichen ‚praktischen Idealisten', der heute lebt", und zitiert diesen mit den Worten: „Das volle Streben ist der volle Sieg" (Jegelka 1992: 227f). Sozialismus ist für Natorp also Weg, nicht Ziel. Seine Realisierung hat sich an den gegebenen Verhältnissen abzuarbeiten, ohne diese schlichtweg zu verneinen oder zu ignorieren. In diesem Sinne gilt es, den „Widerspruch zwischen Wirklichkeit und Idee" im Leben durch ein „gegenwärtiges Vorwärts" auszutragen und immer wieder neu zu bewältigen (vgl. Jegelka 1992: 209).

Was sein wissenschaftliches Werk anbelangt, widmete sich Natorp erschüttert durch das Ereignis des Weltkriegs in seinen letzten Lebensjahren der umfassenden Durcharbeitung seines Schaffens. „Er entwarf aus seiner neuen Sicht heraus ein das Ganze der Philosophie umfassendes Werk unter den drei Gesichtspunkten der Theorie, der Praxis und der Poiesis. Dazu wäre dann abschließend die ‚Grenzlogik' – die Religionsphilosophie getreten" (Trost 1955: 29). Seine letzte Vorlesung (über praktische Philosophie) hat Natorp im Wintersemester 1923/24 gehalten. In seinem letzten öffentlichen Vortrag sprach er zum Thema „Geist und Gewalt in der Erziehung" vor einer Quäkergemeinde in Rothenburg/Fulda. Am 17. August 1924 verstarb Paul Natorp.

---

[8] Begriff und Konzept des *ethischen Sozialismus* sind philosophiegeschichtlich eng mit dem Namen Leonhard Nelson (1882-1927) verbunden, auf welchen als einen der wichtigsten Freunde Hahns noch zu sprechen zu kommen sein wird.

III. Kurt Hahn: Wegmarken und Wendepunkte

1. Zur Quellenlage und zur Relevanz Hahns Biographie

Leben und Wirken von Kurt Hahn sind vergleichsweise gut dokumentiert in der Arbeit von Peter Friese *Kurt Hahn – Leben und Werk eines umstrittenen Pädagogen*. Grundlage der Darstellung Frieses ist allerdings „kein geschlossenes Datenbild" (Friese 2000: 23). Gemeint ist, dass „eine Biographie Hahns und eine umfassende Würdigung seines Lebenswerks" (Knoll 1987: 9) ihm nicht vorlag. Hahns Nachlass gilt als verschollen. Wichtige Quellen, auf die sich Friese stützt, sind Hahns Memoranden und seine Korrespondenz, sowie mündliche und schriftliche Äußerungen von Zeitzeugen.

Der Zusammenhang zwischen Lebensgeschichte und Denkentwicklung ist bei Hahn im Vergleich zu Natorp noch manifester und signifikanter. Hahns Denken wird nicht derart vom Strom akademischer Theoriezusammenhänge gespeist, wie dasjenige Natorps. Sein pädagogisches Schaffen orientiert und formiert sich noch stärker im Kontext eigener lebensgeschichtlicher Erfahrungen und Bezüge. Um dies an einem Beispiel zu verdeutlichen: Natorp konzipiert seine Schulkritik als Inhaber eines Lehrstuhls für Philosophie und Pädagogik von dem theoretischen Rahmen einer umfassenden Gesellschaftskritik her. Hahns Kritik hingegen erwächst in dieser Hinsicht viel stärker aus den negativen Auswüchsen der „Herbartschen" Pädagogik, wie er sie während seiner eigenen Schulzeit selbst erfahren hatte.

Demnach soll und kann auch bei Hahn der Blick auf die Biographie der Sache dienen. Wiederum gilt es, die Darstellung so gut als möglich zu konzentrieren auf Ereignisse und Etappen, welche in engerem Zusammenhang zu seinem pädagogischen Wirken, speziell der Konzeption und der pädagogischen Ausgestaltung der Internatsschule Schloss Salem, stehen. Neben Gordonstoun war und ist Salem Hahns Modellprojekt *par excellence*.

2. Kindheit – Schulzeit – Studienjahre (1886-1914)

Kurt Martin Hahn wurde am 5. Juni 1886 als zweit ältester von vier Brüdern in einer jüdischen Familie des Berliner Großbürgertums geboren. Der Vater, Oskar Hahn, führte den Familienbesitz, dessen Fundament ein Eisenwalzwerk in Düsseldorf-

Oberbilk und ein Röhrenwalzwerk in Oberschlesien waren. In der Familie dachte man „modern" und weltbürgerlich. Kurts Mutter Charlotte, geb. Landau, stammte aus einer wohlhabenden jüdischen Intellektuellenfamilie, in der besonders geistig-musische Fähigkeiten zu Tage getreten waren (vgl. Friese 2000: 26f).

Für den jungen Kurt Hahn war die eigene Schulzeit in besonderer Weise prägend gewesen. Im ausgehenden 19. Jahrhundert hatte sich eine Schul- und Unterrichtsform durchgesetzt, deren Methodik und Didaktik vom *Herbartianismus* bestimmt war und deren Augenmerk darauf gerichtet war, den Kindern der oberen Schichten eine standesgemäße „höhere Bildung" zu vermitteln, sowie Gehorsam gegenüber Autoritäten und Loyalität gegenüber dem monarchischen Kaiserreich einzuprägen. Damit in Verbindung stand ein preußisch-strenger Erziehungs- und Unterrichtsstil, unter welchem nicht nur Kurt Hahn zu leiden hatte.

In seinem Jugendroman „Frau Elses Verheißung" aus dem Jahr 1910 rechnete Hahn mit dem damals vorherrschenden Schulbetrieb ab, mit dem „sabbernden Lateinlehrer" und dem „gehbehinderten Deutschlehrer".[9] Der Heranwachsende hat seine Lehrer und die Schule, die er an anderer Stelle auch als „Totenstätte" und „Marterkasten" beschrieben hat (vgl. Hahn 1998: 14), offensichtlich nur mit großem Widerwillen ertragen. Eine signifikante Ausnahme bildet offensichtlich der Sportlehrer, den er nicht zu den „bösen Geistern" (Hahn 1910: 44) gezählt hat. Seinem um vier Jahre älteren Jugendfreund Leonard Nelson, der in Göttingen gerade promovierte, schrieb Hahn 1904 nach seinem Abitur aus Oxford:

> „Du weißt, was ich in der Schule gelitten: Du hast meine Mutter von dem Direktor herauskommen sehen. Da weißt Du auch, wie das Schulgespenst in unserem Hause umging; eine Kette von Aufregungen und Entrüstungen war meine Schullaufbahn. Und diese Schule legte mir Pflichten auf, Pflichten in bezug auf das Ziel Abiturium. Ich erfüllte sie mehr oder weniger, ich hatte viel Zeit, aber wenig Muße; denn wenn die Arbeit weg viel, die Unruhe und das Gefühl des Ekels blieben" (Hahn 1998: 14).

---

[9] Der Titel wurde vom jungen Hermann Hesse wie folgt rezensiert: „Bei Albert Langen in München erschien ‚Frau Elses Verheißung' von Kurt Hahn, eine weit frischere und rüstigere Sache als der feierliche Titel vermuten lässt, eine Erzählung von Eltern und Kindern, der man viele Leser wünschen möchte, weil sie von einem geschrieben ist, der das Kindsein noch nicht verlernt hat" (zit. n. Friese 2000: 42).

Bemerkenswert ist, dass bereits in diesem Brief der erst 18-Jährige den lebensgeschichtlich bedeutsamen Vorsatz fasst, zu dem Beruf zu gelangen, den ihm seine „moralische Gesinnung vorzeichnet": Hahn „will Lehrer werden, nicht Königl. Preußischer Unterrichter, aber *Erzieher und* Lehrer zunächst vielleicht bei Lietz, dann auf eigene Faust" (Hahn 1998: 16). Auch hält er „die Schulreform für die nötigste Reform im Lande: „Nur durch Verwandlung unseres Unterrichtssystems in ein Erziehungssystem kann verhindert werden, was Dich am meisten angeht: daß Schweinepilze auf die Universität rücken" (Hahn 1998: 16).

Als bedeutend für Hahns pädagogische Ambitionen kann eine Wanderung durch die Tiroler Alpen angesehen werden, welche er zwei Jahre zuvor mit einem Onkel unternommen hatte. Auf dieser Wanderung lernte er drei junge Engländer kennen, die von ihrer Schule, dem von Cecil Reddie gegründeten *Abbotsholme*, schwärmten und ihm ein Exemplar von Lietz' *Emlohstobba* (1897) schenkten, das auf Hahn wie ein Ruf des Schicksals gewirkt hat (vgl. Arnold-Brown 1966: 185).

Während seiner mehrmaligen Englandaufenthalte konnte Kurt Hahn das britische Schul- und Erziehungssystem aus eigener Anschauung kennen lernen. Davon begeistert begann er nach bestandenem Abitur am humanistischen *Kaiser-Wilhelms Gymnasium* zu Berlin (1904) mit dem Studium am *Christ Church College* in Oxford. Beeindruckt war er von der großen Bedeutung des universitären Sports und der ehrgeizigen Konkurrenz der *Public Schools* in den einzelnen Disziplinen (Rugby, Hockey, Tennis, Rudern etc.). Zum Tagesablauf in Oxford gehörten u. a. regelmäßige Morgenläufe und kaltes Duschen. „Neben der Wichtigkeit von Leibeserziehung beeindruckte Hahn das praktizierte Einüben dessen, was die Engländer *commitee sense* (Fähigkeit zu bundesgenössischem Handeln) nannten, was wiederum auf dem *community spirit* (Gemeinsinn) basierte" (Friese 2000: 35).

1906 kehrte Hahn nach Deutschland zurück und setzte sein vielseitiges Studium in Heidelberg fort. Zu seinen Studienfächern zählten Klassische Philologie, Philosophie, Kunstgeschichte, Allgemeine Nationalökonomie und Pädagogik. Weitere Studienorte waren Berlin, Freiburg und Göttingen. 1911 folgte ein weiterer Aufenthalt in Oxford. Hahn wurde seit einigen Jahren verstärkt von Kopfschmerzen heimgesucht und versprach sich von dem kühleren Klima sowie einer Operation durch englische Ärzte eine Linderung der Beschwerden. Daneben tauschte er sich am *Christ Church Col-*

lege über Gedanken zur Erziehung aus und entwickelte angeregt durch die ersten drei Kapitel Platons *Politeia* Pläne für eine erste Schulgründung (vgl. Friese 2000: 43). Kurz vor Ausbruch des Krieges musste Hahn über Norwegen nach Berlin in sein Elternhaus zurückkehren. Damit endete seine Zeit als Student ohne regulären Hochschulabschluss. Angesichts seiner immer wiederkehrenden Kopfschmerzen wurde Kurt Hahn als kriegsdienstuntauglich eingestuft. Die politischen Wirren im Vorfeld und während des Ersten Weltkrieges ließen die Umsetzung der ehrgeizigen pädagogischen Pläne in den Hintergrund treten. Hahn tritt in den Dienst der Diplomatie und lernt dort das Geschäft der Politik kennen.

3. Die Katastrophe des Krieges und der Rückzug aus der Politik (1914-1919)

Aufgrund seiner guten Englischkenntnisse und seiner Vertrautheit mit dem Denken der britischen Oberschicht wurde Hahn in die neue Zentralstelle für Auslandsdienst berufen und mit der Aufgabe betraut, über die britische Presse die politische Stimmung im Lager des Gegners zu analysieren (vgl. Friese 2000: 46). Schon bald bewies er diplomatische Qualitäten. Sein Ansinnen zielte darauf, der Politik Vorrang vor der militärischen Aktion einzuräumen. Doch die von nationalistischen und imperialistischen Großmachtsdenken angefachte Zeitstimmung war eine andere. Trotz des Unmuts der politischen Machthaber, dem Hahn angesichts seiner Stellungnahme gegen die aggressive deutsche Außenpolitik ausgesetzt war, blieb er politisch aktiv und avancierte 1917 über eine Stelle beim Außenministerium zum persönlichen Berater des Prinzen Max von Baden (vgl. Friese 2000: 53). Zusammen mit diesem setzte Hahn sich für einen Verständigungsfrieden ein, doch ließ sich diese Position politisch nicht durchsetzen. Die Reichskanzlerschaft Prinz Max von Badens kam im Oktober des Jahres 1918 zu spät und blieb ein folgenloses und kurzes Intermezzo. Am 9. November 1918 dankte der Kaiser ab. Substantielle militärische Rückschläge und der Ausbruch der Revolution zwangen die Deutschen schließlich zu Friedensverhandlungen.

Während der *Versailler Konferenz* im Frühjahr 1919 war Hahn in der Position eines einflussreichen Beraters. Er befand sich als Privatsekretär Carl Melchiors, eines

Diplomaten des Auswärtigen Amtes, mit vor Ort (vgl. Friese 2000: 72).[10] Im Verlauf der Verhandlungen wurde immer deutlicher, dass es für die deutsche Delegation nicht mehr darum gehen konnte, als gleichberechtigter Verhandlungspartner mit der Gegenseite einen Kompromiss für einen tragfähigen Frieden auszuhandeln. Die Siegermächte verlangten von deutscher Seite die Übernahme der alleinigen Kriegsschuld sowie die Annahme strenger Auflagen und Einbußen territorialer und finanzieller Art. Im Bewusstsein dieser denkbar ungünstigen Ausgangslage für den Aufbau einer neuen politischen und gesellschaftlichen Wirklichkeit und enttäuscht von der deutschen Diplomatie vor und während des Krieges, kehrte Hahn aus Versailles zurück.

4. Hahns „pädagogische Provinz" – die Internatsschule Schloss Salem (1919-1933)

Die junge Weimarer Republik war als ein Kind der Nachkriegswirren nicht geeignet, Hahns Skepsis gegenüber der realen politischen Verfassung Deutschlands zu verringern. Es fehlte ihm eine starke und kompetente Regierung mit aufrichtiger Sachgesinnung:

> „Mittelmäßige, oft inkompetente Abgeordnete besetzten alle wichtigen Posten. Sie waren entweder auf den Knien des Geistes auf die Parteilisten gerutscht oder hatten sich Listenplätze erschlichen. Männer von Charakter und Intelligenz hatten keine Chance, sofern sie sich nicht ihr Rückgrat durch den Partei-Apparat verbiegen ließen. Intrigen, Vetternwirtschaft, Korruption und Bonzentum griffen Platz. Das alles blieb auch dem Mann auf der Straße nicht verborgen und spielte den angeblichen Saubermännern aus dem rechten Lager später in die Hand" (Hahn zit. n. Friese 2000: 74).

Vor diesem Hintergrund zog sich Hahn an der Seite Prinz Max von Badens auf dessen Salemer Schlossgut zurück. Hier bot sich ihm die Chance, seine einstmalige Berufung zum Lehrer Wirklichkeit werden zu lassen: 1919 leitete Prinz Max von Baden die Gründung einer Internatsschule auf seinem Besitz in die Wege mit dem Ziel „das in der Politik fehlende, die Verantwortung, nun zum Erziehungsprinzip zu gestal-

---

[10] Wie folgende kleine Anekdote zu berichten weiß, war Hahns Anwesenheit nicht problemlos: „Eines schönen morgens, als Dr. Melchior aus dem Fenster sah, sah er die uns bewachende Mannschaft in großer Erregung, da Kurt Hahn in Pyjamas um den See lief. Melchior befragte Hahn dann, warum er in dieser Aufmachung seine Übung mache, worauf Hahn antwortete, wenn er ordnungsgemäß angezogen liefe, würde er leicht den Verdacht der Wachhabenden erregen, während die Bekleidung in Pyjamas den Leuten die Sache klar machen sollte. Das Gegenteil war der Fall" (zit. n. Friese 2000: 72).

ten" (Pielorz 1991: 111). Kurt Hahn wurde mit der pädagogischen Ausgestaltung und der Internatsleitung betraut (vgl. Friese 2000: 78). Erster Studienleiter (Schuldirektor) wurde Karl Reinhardt (vgl. ebd.: 79). Reinhardt war maßgeblicher Wegbereiter und ehemaliger Leiter des ersten Frankfurter Reformgymnasiums (1892-1904). Von 1904 bis zu seinem Umzug nach Salem 1919 war er *Wirklicher Geheimer Regierungsrat* des preußischen Kultusministeriums (vgl. Internet [20.1.08]: http://de.wikipedia.org/wiki/Karl_Reinhardt).

Am 21. April 1920 erfolgte die offizielle Eröffnung der Schule mit acht internen und zwanzig externen Jungen und Mädchen (vgl. Ewald 1966: 109). Nach dem Abflauen der Währungsinflation waren ab 1923 von Salem aus Reisen zu weiter entfernt gelegenen Zielen möglich. Im Sommer selbigen Jahres unternahmen 18 Salemer Schüler eine Tour mit Paddelbooten über die finnischen Seen. „Diese Reise kann als Vorläufer der für Hahn charakteristischen pädagogischen Lernsituationen der Bewährung in Abenteuern (,Erlebnistherapie') angesehen werden. Man kann sie auch als Ursprung der Outward-Bound-Projekte bezeichnen […]" (Friese 2000: 96).

Die Krise der Weimarer Republik spitzte sich zu und gipfelte in der Machtergreifung durch die Nationalsozialisten. Obwohl sich Hahn immer für Deutschland eingesetzt hatte und „vaterländische" Gesinnung fast mehr als deutlich erkennen ließ,[11] musste er schließlich dem Wahnsinn des Antisemitismus weichen und mit Hilfe seiner auslandspolitischen Kontakte 1933 in Emigration gehen. Dem voraus ging eine mehrtägige Verhaftung Hahns durch die Gestapo, gefolgt von einer Anordnung „nicht ohne Kenntnis der Behörden badischen Boden zu betreten". Das kam einer Verbannung aus Salem gleich (vgl. Friese 2000: 127). Es war der englische Premier persönlich, der sich mit einem Protestschreiben für Hahns Freilassung aus der Gestapo-Haft eingesetzt hat.

Hitler hat Salem nicht schließen lassen, sondern nationalsozialistisch zu unterwandern und sich so dienstbar zu machen versucht. Vor einer Schließung bewahrt hat die Schule unter anderem wohl auch das hohe Ansehen, das sie gerade im englischen Ausland bereits genoss. Ideologischen Unterwanderungsversuchen und einer

---

[11] Nach der Besetzung des Ruhrgebiets durch die Franzosen (1923) ließ Hahn seine Schüler exerzieren; noch 1932 führte Hahn in Salem „Wehrsportliche Kurse" ein (vgl. Friese 2000: 90; 113).

Nazifizierung gegenüber blieb Salem unter der Leitung Heinrich Blendingers bis 1941 bemerkenswert resistent (vgl. Friese 2000: 152-155). Erst im August 1941 wurde Salem unter die Aufsicht der Inspektion deutscher Heimschulen gestellt, und die SS übernahm für die Jahre bis Kriegsende die Leitung und Aufsicht der Schule. Im Juli 1945 wurde die Salemer Internatsschule aufgelöst (vgl. Internet [22.01.08]: http://de.wikipedia.org/wiki/Schule_Schloss_Salem).

5. Hahns Exil: Gordonstoun als englische Variante Salems (1933-1945)

Kurz nach Hahns Ankunft in England wurde durch Unterstützer die *British Salem Schools Limited* gegründet. Bald schon konnte Hahn selbst für die Idee gewonnen werden, das Konzept Salems nach England zu transferieren. Im Mai 1934 wurde im schottischen Hochland (Morayshire) die Internatsschule *Gordonstoun* unter der Leitung Kurt Hahns offiziell mit 13 Schülern eröffnet. Neben britischen Jungen versammelte sich dort bald eine internationale Schülerschaft aus allen sozialen Schichten und mit unterschiedlichen Begabungen (vgl. Friese 2000: 168).

Der Schulbetrieb sollte, noch stärker als dies bis dahin in Salem gelungen war, Teil des Gemeindelebens werden. So übernahmen die Schüler in Zusammenarbeit mit der Küstenwache bald schon regelmäßige Wachdienste. Daraus entwickelte sich ein Dienstsystem, das zu einem konstitutiven Bestandteil der Schulausbildung wurde und mit der Rückkehr Hahns nach Salem gleichsam reimportiert werden sollte.

Auch in Gordonstoun war Hahn dem Prinzip einer charakterfördernden Leibeserziehung gefolgt. „Er wollte die Schüler dazu bringen, durch Annahme besonderer Herausforderungen ihre eigenen Schwächen zu überwinden" (Friese 2000: 171). Angestrebt war, diese Herausforderungen auch mit sozial verantwortungsvollen Aufgaben zu verbinden. Dazu gehörte der Küstenwachdienst genauso wie die Unterstützung der örtlichen Feuerwehr oder des Rettungsdienstes.

Mit dem *Moray Badge* nahm 1936 die Entwicklung des *Duke of Edinburgh's Award* ihren Anfang. Dieses heute international weit verbreitete Leistungsabzeichen wurde 1954 zum ersten Mal als Auszeichnung für Leistungen in Leichtathletik, Rettungsdienst, Klettern, Segeln und Geländeritten verliehen. In engem Zusammenhang damit stand die Entwicklung der *Outward Bound-Kurse*. Dabei handelt es sich um einmonatige Kurzschul-Kurse, auf denen interessierte Jugendliche unabhängig von ihrem sonstigen Schul- und Ausbildungsweg auf den *Award* hin trainieren können. Fester Bestandteil der Ausbildung sind die Bereiche körperliches Training, Expedition, Projektarbeit und Hilfsdienst. Nur aus dem Erreichen bestimmter Leistungen in allen vier Bereichen und nur aus deren Zusammenspiel ergibt sich das, was Hahn als ‚*Erlebnistherapie*' bezeichnet wissen wollte. 1952 formuliert Hahn dazu: „Wir müssen mehr als erziehen: wir müssen heilen. Ich empfehle die Erlebnistherapie – d.h. die Vermittlung von reinigenden Erfahrungen, die den ganzen Menschen fordern und der Jugend den Trost und die Befriedigung geben: Wir werden gebraucht" (Hahn 1986: 84).

1941 erfolgte die Gründung der *Outward Bound Sea School Aberdovey*. Der Schwerpunkt der schulischen Ausbildung lag hier auf der Vermittlung von seemännischen Fertigkeiten im besonderen Hinblick auf Rettungsmaßnahmen nach Schiffbruch. Dafür stand die *Prince Louis* als eigenes Übungsschiff zur Verfügung.

Nachdem Hahn bereits 1938 die britische Staatsbürgerschaft angenommen hatte, trat er 1945 der Anglikanischen Kirche bei.

6. Einsatz für Demokratie und Internationalität (1945-1974)

Schon wenige Monate nach der Befreiung von der Hitler-Diktatur reiste Hahn nach Deutschland, um sich am Aufbau eines neuen Bildungssystems zu beteiligen. Inspiriert von der in Großbritannien entwickelten und bewährten Kurzschul-Idee schwebte ihm eine große Vision vor:

> „Nehmen wir an, es gäbe 100 Kurzschulen in Deutschland, eine jede verantwortlich für die Betreuung von 100 Schülern, zehnmal im Jahr: das wären einhunderttausend im Jahr – und in zehn Jahren wären eine Million durch diese heilenden Erlebnisse hindurchgegangen. In einer Demokratie kann man keine Entwicklung erzwingen, es sei denn durch das überzeugende Beispiel" (Hahn 1986: 84).

Ein besonderer Teil seines Deutschlandaufenthaltes war auch ein Besuch von Salem, das im November 1945 unter der Leitung von Marina Ewald und mit Unterstützung von Berthold von Baden wieder eröffnet worden war. Salem hatte die NS-Zeit angeschlagen überstanden. Nun ging es darum, das Internat neu aufzubauen und mit neuem Elan zu versehen. Dazu versuchte Hahn das Seinige beizutragen, auch wenn er im Internat jetzt kein offizielles Amt mehr bekleidete. Ab 1953 nahm er in Salem wieder konstant Wohnsitz.

Zahlreiche weitere Projekte und Aufgaben beanspruchten Hahns Aufmerksamkeit in den Folgejahren. Darunter die Unterstützung von weiteren Internatsschulgründungen im In- und Ausland, wie dem Landerziehungsheim Louisenlund (Schleswig-Holstein, 1954) und der Hahnschen Schule *Anavryta* (Griechenland, 1949). Dazu kam die Ausweitung der *Outward Bound*-Bewegung auch über die Grenzen Europas hinaus. Die Eröffnung der ersten Kurzschule in Deutschland erfolgte 1952 in Weißenhaus (Ostsee). Wirkungsstarke *Outward Bound*-Vereinigungen wurden in den USA (1956) und in Australien (1956) gegründet. Besonderes Engagement erforderte Hahns letztes großes Schulprojekt, das *Atlantic College*. Konzipiert als zweijähriges Oberstufengymnasium sollte es eine internationale Schülerschaft zusammenführen und so einen wichtigen Beitrag zur Völkerverständigung und Völkerfreundschaft leisten. 1962 konnte in St. Donat's Castle, Wales, die Gründung erfolgen. In *United World College* umbenannt hat auch dieses Projekt bis heute weltweite Nachahmung gefunden.

Um abschließend noch einmal auf das Schicksal Salems zu sprechen zu kommen: Noch zu Lebzeiten Hahns kam es zu ernsten Erschütterungen und Konflikten, was die pädagogische Ausrichtung anbelangt. Ab Mitte der 60er-Jahre spitzten sich diese Konflikte im Zusammenhang mit der Forderung nach einem neuen, antiautoritären Erziehungsstil zu. „Der Emanzipationsstreit machte vor den Toren des Schlosses Salem nicht halt. 'Der Streit geht um die legitimen Grenzen des Zwanges und um die legitimen Grenzen der Freiwilligkeit', stellte Hahn fest, weil er das ‚Dahinwelken der Salemer Einrichtungen' sah […]" (Friese 2000: 248f). Hahn prangerte wiederholt den Disziplinverfall in Salem an und versuchte sich gegen die „Schmeichelpädagogik" zur Wehr zu setzen.[12] Auf die veränderten Denk- und Vorstellungsweisen der ‚68er' konnte und wollte er sich nicht einlassen.

> „Es gibt Wahrheiten zu verteidigen, die sich in der Geschichte der Menschheit offenbart haben und die heute angefochten werden oder verdreht, um sie den

---

[12] Deutlich lassen sich hier Gedanken erkennen, welche Bernhard Bueb zu seinem *Lob der Disziplin* (2006) inspiriert haben mögen. Bueb war Gesamtleiter der Salemer Internatsschule von 1973-2005.

Zeitläufen anzupassen; d.h. den Bedürfnissen der uns umgebenden Verlockungen" (Hahn an Lorenz, 16.03.1969, Kurt-Hahn-Archiv zit. n. Friese 2000: 255).

„Paritätische Mitbestimmung und Aufgabe von Hierarchien waren da nicht vorgesehen. Lehrer liefen weg, Salem drohte die Auflösung. Aber Salem überlebte, und man wird sagen müssen: trotz und wegen Hahn" (Friese 2000: 255).

Ab dem Herbst des Jahres 1969 erlebte Hahn verstärkt depressive Zustände, wovon er über die restlichen Jahre seines Lebens gezeichnet blieb (vgl. Friese 2000: ebd.). Am 14. Dezember 1974 verstarb Kurt Hahn in der Klinik für Psychiatrie *Weissenau* bei Ravensburg.

Zu den zahlreichen Auszeichnungen, die Hahn im Lauf seines Lebens erhalten hat, zählen u. a. die Ehrendoktorwürde der Universität Göttingen (1956) und der Universität Tübingen (1961), das Große Bundesverdienstkreuz (1961) sowie der Freiherr-vom-Stein-Preis der Universität Hamburg (1962).

IV. *Sozialidealismus* – Neue Richtlinien sozialer Erziehung

1. Einordnung und allgemeine Charakterisierung des Werkes

Neben den beiden Werken *Tag des Deutschen* (1915) und *Deutscher Weltberuf* (1918) zählt Natorp selbst den *Sozialidealismus* (1920) zu seinen „Kriegs- und Revolutionsbüchern". Sie sind „fast ganz im Umgang mit der Jugend entstanden und richten sich vornehmlich an sie, unsere einzige, unsere letzte Hoffnung" (Natorp 1921: 159).

Zunächst interessant ist hier das Verhältnis, das der *Sozialidealismus* zu Natorps sozialpädagogischem Hauptwerk, der *Sozialpädagogik* von 1899, einnimmt. Ein Natorp schon von seinen Zeitgenossen verschiedentlich unterstellter Bruch in der Denkentwicklung[13], lässt sich meines Erachtens nicht bestätigen. „Vergleicht man Paul Natorps Spätwerk unter besonderer Berücksichtigung der praktischen Philosophie mit früheren Schriften des Marburger Philosophen, mit der ‚Religion innerhalb der Grenzen der Humanität' und der ‚Sozialpädagogik', wird die Kontinuität der politischen Auffassungen ihres Verfassers unschwer einsichtig" (Jegelka 1992: 235; ähnlich 231ff). Natorp selbst sieht den *Sozialidealismus* als eine durch den umfassenden Umbruch von Gesellschaft und Kultur notwendig gewordene *Ergänzung* und *Radikalisierung* seiner sozialpädagogischen Hauptschrift. Nach ihm rechnen die Erwägungen des dritten Buches der *Sozialpädagogik* noch „durchaus mit dem Gegebenen, sie setzen die bestimmte damalige, in den meisten Hinsichten bis heute nicht wesentlich geänderte Lage, und bestimmte, immer noch vorwaltende Grundanschauungen voraus, sie stellen sich nicht die Aufgabe, diese selbst von Grund aus zu ändern, sondern für so lange, als sie noch gelten, das beste, was möglich, daraus zu machen" (Natorp 1899: VII). Natorp kalkuliert also um die Jahrhundertwende noch mit dem Faktischen, mit den ‚herrschenden Verhältnissen'. Nicht mehr so im *Sozialidealismus*. Nach dem Erlebnis des Ersten Weltkrieges legt Natorp mit diesem Buch den fundamentalen Entwurf einer neuen politischen, ökonomischen und kulturellen

---

[13] Vgl. Natorp 1921: 159; ebenso: 'Paul Natorps geistige Wandlung'. In: Kölnsche Volkszeitung, Nr. 322 (26.4.1922).

Ordnung der Gesellschaft vor. Auf den Punkt gebracht geht es ihm um eine genossenschaftliche Neuordnung von Staat, Wirtschaft und Erziehungswesen im Sinne eines Sozialismus ‚von unten', d.h. eines Sozialismus, der von den Menschen, von jedem konkreten Einzelnen, ausgeht und mitgetragen wird. Denn „das Wirken der echten ‚Idee' ist nur als konkretes, von Mensch zu Mensch unmittelbar lebendig, zeugerisch übergehendes verständlich" (Natorp 1920: 18). Von daher setzt Natorp im Hinblick auf die Gestaltung von Gemeinschaft und Gesellschaft immer wieder gerade auch am konkreten Einzelnen und an dessen Erziehung, Bildung und Aufklärung an.

Bei alledem bleibt sich Natorp der *Wechselwirkung* der individuellen und der gesellschaftlichen Entwicklung stets bewusst. In der Konsequenz dieses Bewusstseins liegt es, dass bei ihm mit der Forderung nach der Erziehung des Menschen zum Menschen immer auch die Forderung nach einer Reform der politischen, ökonomischen und kulturellen Strukturen verbunden ist.

Die Aufgabe der gemeinschaftlichen Gestaltung der sozialen Ordnung wird von Natorp als *unendliche* betrachtet. In diesem Punkt wird ein Grundzug des Kritischen Idealismus wie er auf Kant zurückgeht sichtbar. Es war Kant, der die Idee als *regulatives Prinzip* in das philosophische Denken einzuführen wusste. Hiernach bilden das Ideal des Schönen, des Wahren und des Guten gleichsam den Horizont, auf den sich alle menschliche Entwicklung hin bewegt, der aber selbst unerreichbar bleibt. Diese Einsicht überträgt Natorp bereits in der *Sozialpädagogik* auf die Entwicklung der Gesellschaft: „[…] ein apriorisches Gesetz der Geschichte kann mit Fug nur gelten als regulatives und nicht als konstitutives Prinzip, als Idee nicht als Erfahrung" (Natorp 1899: 187). Damit ist gesagt, dass es einen Abschluss der gesellschaftlichen Entwicklung nicht geben kann und darf (vgl. Natorp 1920: 16). Hier liegt eine entscheidende Differenz zum *wissenschaftlichen Sozialismus* eines Karl Marx, denn dieser beschreibt die klassenlose sozialistische Gesellschaft als Endpunkt der Geschichte.

Damit sind zwei wichtige Eckpfeiler des Natorpschen Denkens knapp umrissen. Es bleibt die Aufgabe, uns nun dem kritisch-idealistischen Entwurf des *Sozialidealismus* selbst zuzuwenden. Von besonderem Interesse für einen Vergleich mit dem Schul- und Internatsgründer Hahn ist das von Natorp im fünften der insgesamt sieben Kapitel vorgestellte Konzept der *Sozialeinheitsschule*.

2. Weg zur Erneuerung des sozialen Lebens: Voraussetzungen und Umsetzung

(I)[14] Das zentrale Anliegen, welches Natorp im *Sozialidealismus* verfolgt, ist die Wiederentdeckung und die gegenseitige Durchdringung von *Idee* und *Gemeinschaft* (vgl. Natorp 1920: V). Denn „mit dem Aufblick zur Idee ist es freilich nicht getan" (Natorp 1920: 5). Die Idee will Wirklichkeit werden und die Wirklichkeit Idee.

Ausgangspunkt von Natorps Darlegungen ist eine kritische Bestandsaufnahme der gegebenen sozioökonomischen Situation. Es geht ihm also zunächst um eine möglichst genaue Diagnose des gesellschaftlichen Ist-Zustandes, auf welcher sich der Entwurf des Soll-Zustandes dann aufbauen kann.

Mit die tiefsten Ursachen der Krise erkennt Natorp in der Entfremdung des Arbeiters von seiner Arbeit, der „Arbeitslosigkeit im speziellen Sinne", des „Losseins von der Arbeit", auch und gerade des arbeitenden Industrieproletariates (vgl. Jegelka 1992: 143; Natorp 1920: 47). Es sind grundsätzliche, strukturelle Defizite vor allem des kapitalistischen Wirtschaftssystems, die er diagnostiziert und die er als Hauptursachen für die Auflösungs- und Verfallserscheinungen erkennt (vgl. Natorp 1920: 33). Als notwendig erachtet Natorp daher einen *strukturellen* Um- und Neubau der Gesellschaft.

In praktischer Hinsicht stellt sich dabei als erstes die Frage, wer diesen Umbau leiten soll und kann. Natorps Antwort: „Wer auf der Höhe der Einsicht des gemeinsam für alle Nötigen und Möglichen steht" (Natorp 1920: 6). Was die politische Umsetzung anbelangt, macht Natorp mit dem Konzept eines autonomen *Zentralrates der geistigen Arbeit* einen konkreten Lösungsvorschlag. Die erste und wichtigste Aufgabe eines solchen Zentralrates wäre der Entwurf eines „Grundgesetzes des nationalen Bildungswesens" unter Beteiligung möglichst aller davon Betroffenen: „[...] darauf wäre besonders zu achten, daß nicht die Lehrenden und Erziehenden allein, sondern nicht minder die Objekte der Lehre und Erziehung zu Wort kämen. Man dürfte selbst die Säuglinge nicht verschonen, wenn sie vernehmungsfähig wären; so müssen die

---

[14] Die römischen Zahlen in Klammern verweisen auf die entsprechenden Kapitel des *Sozialidealismus*: (I) Autonomie des Geistes; (II) Soziale Erneuerung; (III) Der Weg zum Heil; (IV) Grundlegung sozialer Erziehung; (V) Sozialeinheitsschule; (VI) Inhalt der sozialen Erziehung; (VII) Form und Ziel der sozialen Erziehung.

Mütter für sie zeugen, die dürfen keinesfalls fehlen, und zwar aus allen Lebenskreisen" (Natorp 1920: 8)

Entscheidend für die Arbeit des Zentralrates ist dessen Unabhängigkeit von wirtschaftlichen und politischen Partikularinteressen (Autonomie des Geistes). Sein Ziel ist die gemeinsame Besinnung auf Wahrheit und Volks- und Menschenwohl. Seine zentrale Kompetenz ist Sachverstand. Hierin liegt Autorität und Würde des Zentralrates begründet. Die parlamentarische Demokratie und die Existenz von Parteien lehnt Natorp nicht grundsätzlich ab, nur stehen letztere für ihn in der Gefahr, den Sachverstand zugunsten der Parteiraison all zu sehr zu vernachlässigen und nur mehr als bloße Beamtenschaft zu wirken (vgl. Natorp 1920: 9), deren Hauptaugenmerk auf der Sicherung der eigenen Machtstellung liegt. Für Natorp ist die Arbeit des Zentralrates notwendiges Korrektiv und Garant von echter Demokratie. Betraut wäre der Zentralrat mit der

> „Ausarbeitung der Gesetzesentwürfe nach strengster, von allen wirtschaftlichen und politischen Parteirücksichten unabhängiger Durcharbeitung ausschließlich durch Sachverständige, und zwar nach Möglichkeit aller auf der Höhe der Sache wirklich stehenden; solche Entwürfe wären dann, mit klarer, wuchtiger Begründung, den schließlich entscheidenden Körperschaften, in allen wichtigen Fällen aber zu unmittelbarer Beschlußfassung dem ganzen stimmfähigen Volke zu unterbreiten" (Natorp 1920: 9).

Damit ist gefordert, an dem politischen Gestaltungs- und Entscheidungsprozess möglichst alle Glieder der Gesellschaft zu beteiligen. Von daher ist die zentrale Bedeutung leicht nachzuvollziehen, die Natorp der Erziehung und Bildung beimisst, denn „soziale Gesinnung ist nicht in allen lebendig" (Natorp 1920: 16) und wird es unter den herrschenden sozioökonomischen Bedingungen einer primär auf private Besitz- und Kapitalakkumulation ausgerichteten Wirtschaftsordnung von allein kaum werden. Auch das monarchische System des wilhelminischen Kaiserreiches hat kaum dazu beigetragen, eine solche, freie und soziale Gesinnung aufkommen zu lassen. Politik, Wirtschaft und Erziehung waren unter dem preußischen Zentralismus klar obrigkeitsstaatlichen Prinzipien verhaftet. In der Erziehung wurde Gehorsam, in der Politik Unterordnung und in der Wirtschaft Abhängigkeit verlangt.[15] Natorp geht

---

[15] Heinrich Mann gibt in seinem Roman *Der Untertan* (1914) eine anschauliche Darstellung der nationalistischen Politik, der Gesellschaft und der Machtverhältnisse unter der Regierung Wilhelms II.

davon aus, dass sich dieses alte System, das in den Köpfen und Herzen der Menschen weiterlebt, durch eine neue menschlichere Gemeinschaftsordnung nicht ablöablösen lassen wird, ohne eine grundlegende Umgestaltung des Erziehungs- und Bildungswesens, eine Umgestaltung, welche die Menschen erst hervorbringen hilft, die eine neue Ordnung des Gemeinwesens mit zu tragen und mit zu gestalten bereit und fähig sind.

Dieser neue, soziale Geist, um den es Natorp geht, „kann sich nur aufbauen vom breitesten Boden der Allheit aus, so wie das Weltgesetz nicht in einer Zentralsonne residiert, sondern in jedem Stern, jedem Stäubchen waltet" (Natorp 1920: 17). Natorps Forderung nach einer Lebens- und Erziehungsgenossenschaft meint genau dies: die dezentrale Selbstorganisation von Lebens- und Erziehungsgemeinschaften, nicht als verordnet von oben her, sondern aus sich selbst heraus, in freier Bildungs- und Selbstbildungstätigkeit der unmittelbar Beteiligten. Erst als oberste Grenze ergibt sich dann „– das sei die letzte unserer grundsätzlichen Forderungen – […] die Nation im echten Sinne, der deutsche Sozial-Einheitsstaat" (Natorp 1920: 18).[16]

(II) Folgende zwei Merkmale einer idealen Gesellschaftsordnung sind nach Natorp wesentlich und bedingen sich genau genommen gegenseitig:

1. dass, sie nicht mehr mechanisch, sondern *organisch* strukturiert ist. Das heißt in ihr sind die Subsysteme gleichwertig zum Ganzen. Sie bilden Einheiten für sich mit der Fähigkeit der Selbstregulation und der Selbstregeneration. Damit sind sie nicht Teile, sondern Organismen ‚im kleineren Maßstab'. Eben genau dies ist der Ausdruck ihres *Lebens* im Gegensatz zur letztlich toten Anordnung der Teile einer Maschine, die nur solange funktioniert, wie sie von außen gelenkt und mit Energie beschickt wird.

2. dass, sie nicht mehr herrschaftlich regiert wird, sondern sich selbst regiert. Die etablierten Theoriebegriffe sowohl der ‚Demokratie' als auch der ‚Aristokratie' unterliegen nach Natorp dem Fehler, dass sie von einem Gesellschaftsmodell ausgehen, in welchem Herrschaft (griech. *krátos*) als Prämisse zugrunde gelegt

---

[16] Ein Beispiel für den Versuch der praktischen Umsetzung eines Sozialismus, der vom konkreten Menschen aus geht, d.h. eines Sozialismus ‚von unten', ist die Kibbuzbewegung.

wird, sei es die Herrschaft eines, weniger oder aller über alle. Damit verbunden ist die Vorstellung einer für sich selbst trägen und der Herrschaft bedürfenden Masse. In Natorps Begriff der *Societas* hingegen ist das Neue die Aufhebung dieses ‚alten' Begriffs der Masse und damit des Herrschaftsprinzips. In einem Gemeinwesen, das sich zum Ziel gesetzt hat, wirklich dem Menschen und dessen freien Entwicklung zu dienen,

> „dürfte es keine bloßen Trägheitskräfte geben, sondern eine aktive Kraft müßte ohne Ausnahme jedes Glied darstellen [...]. Dann brauchte es keine Volksbeauftragten zu geben, denn es gäbe das Volk, keine Volksherrschaft, denn es gäbe keinen, der beherrscht zu werden nötig hätte, weil jeder Herr über sich selber wäre, das heißt, was an ihm sozial taugt, über den Taugenichts, den keiner im Andern zu suchen hat, weil er ihn viel näher bei sich selber findet" (Natorp 1920: 23).

Scharf zu trennen ist nach Natorp demnach der soziologische Begriff der Masse von dem der Gemeinschaft: In der undifferenzierten, materiierten Masse sind das menschliche Wesen und die Kräfte der Individuität konformiert, neutralisiert und paralysiert. Masse ist Gleichschaltung der Vielfalt und gegenseitigen Bindung der Individualkräfte. Echte Gemeinschaft hingegen lässt die Individualkräfte zu ihrer freien Entfaltung kommen und lebt aus deren Integration. Sie ist (lebendige) Einheit in Vielfalt. Durch die Energie der freigesetzten Individualkräfte ist Masse als Masse in der Gemeinschaft aufgehoben (Natorp 1920: 196f)[17].

Seine Ablehnung des Herrschaftsprinzips möchte Natorp allerdings nicht als ein Votum für Anarchie im Sinne von Gesetzlosigkeit verstanden wissen. Was Natorp jedoch zurückweist ist die Anmaßung eines „*L'État, c'est moi*". Richtmaß für die Verfassung von Staat und Gesellschaft darf nicht der Wille eines, auch nicht einer

---

[17] Interessant in diesem Zusammenhang ist die Parallelität zum physikalischen Massebegriff, auf welche Natorp selbst hinweist. Es war sein Zeitgenosse Albert Einstein, dem es mit der Formel $E\ [Energie] = m\ [Masse] * c\ [Lichtgeschwindigkeit]^2$ gelungen ist, Masse als gebundene Energie begreiflich zu machen. Natorp bezieht sich konkret jedoch nicht auf Einstein, sondern auf einen anderen Physiker, Arthur Bonus, und dessen Axiom „je kleiner, desto stärker". Was besagt dieses „paradoxe Gesetz"? Es besagt „dass in jedem Punkte die Allkraft des Universums wirkt, die sich nur, je tiefer unsere Erkenntnis dringt, um so tiefer uns erschließt, in sich aber immer und in allem ungeteilt eine ist. Nur unser gehaltener Blick sieht da nichts als tote Materie, wo wir im Extensiven, als stände es auf sich, notgedrungen stehen bleiben und es noch nicht weiter in den Grund des Intensiven hinab verfolgen können. Masse ist Schein, alles ist Kraft, und zwar die eine des Alls" (Natorp 1920: 195).

Mehrzahl von Menschen sein, sondern allein die *Idee des Menschen* und die *Idee der Gemeinschaft*:

> „Braucht es für diese höchste Gestaltung des ‚Staats' einen eigenen Namen, so heiße es nicht Räte-, aber Ratsregierung. Bularchie. Nicht die Philosophen sollen Könige sein, aber die Philosophie soll Königin sein" (Natorp 1920: 75).

Der nie zu vollendende Weg zur Realisierung dieser Idee heißt *Genossenschaft* und *Sozialismus*. Ausgangs- wie Zielpunkt (also Prinzip dieses Weges) ist die Befreiung aller, „oben wie unten, aus inneren Gebundenheiten aller Art, durch Überordnung des überendlich geistigen über alle endlichen Einschränkungen, soviel es sein kann, in einem jeden, aus der Ursprünglichkeit der Schöpfung, an der letzten Grundes alle teilhaben" (Natorp 1920: IV).

(III) Die geforderte Befreiung des Menschen zu sich selbst, die Weckung der eigenen „Selbstkraft" (Natorp 1920: 50), steht gemäß dem Ansatz des *„korrelativistischen Monismus"* (vgl. Jegelka 1992: 63ff) in einem durchgängigen und konstitutiven Wechselverhältnis zur Dimension des Sozialen. „Individuum und Gemeinschaft, das sind nicht Gegensätze, sondern jedes ist des andern Wurzel zugleich und Frucht." (Natorp 1920: 48). Von daher stellt sich vor allem die Frage, wie „das Prinzip der Gemeinschaft in die Praxis eingelegt" werden kann. Die Such nach einer Antwort führt Natorp zum *Prinzip der Genossenschaft* (Natorp 1920: 58), und zwar auf allen Funktionsbereichen der Gesellschaft, nämlich *Wirtschaft*, *Politik* und *Bildung*, doch „unter beherrschender Zentralstellung der letzteren" (Natorp 1920: 58); denn der Mensch ist nicht da, um zu wirtschaften und zu regieren, sondern Regierung und Wirtschaft sind um des Menschen und der Bildung des Menschen willen da.

Im Prinzip der Genossenschaft sieht Natorp die zentrale Forderung nach voller Selbstbeteiligung aller Gesellschaftsglieder verbürgt. Genossenschaft ermöglicht die Erweckung der Selbstkraft durch unmittelbare Selbstbeteiligung *aller* und führt so zu einer neuen „innersten Durchseelung des Gemeinlebens, welche die zerrissene Ehe zwischen Geist und Arbeit in einem jeden von neuem schließt" (Natorp 1920: IV).

Genossenschaft heißt hinsichtlich der *Wirtschaft* vor allen Dingen gemeinsamer Besitz an Produktionsmitteln sowie Selbstbestimmung der Arbeitenden. Es gilt die Arbeit wieder als etwas begreifen zu lernen, das dem Menschen dient und nicht umgekehrt. Arbeit birgt nur da, wo sie menschenwürdig - und das heißt selbstbestimmt - gestaltet werden kann, den Segen des Erfüllenden und Bereichernden. Wenn der Bezug auf das Wohl des Menschen verloren geht, droht Arbeit den Menschen sich selbst zu entfremden. Das heißt, sie stellt ihn ein in das Getriebe des Fertigungsprozesses und macht ihn zu einem Teil rein maschineller Produktion.

> „Hingegeben an die endliche Leistung, vergißt er dann, daß doch nicht die Leistung das Höchste ist, sondern der Mensch. Verstandesmenschen, Willensmenschen, mögen sie das Gewaltigste an Leistung aufbringen, sind doch nur Stückmenschen. Teilung der Funktionen ist Bedingung größtmöglicher Leistung, aber nicht die größtmögliche Leistung darf das unbedingte Ziel sein. Die Arbeiten mögen sich teilen, aber der Arbeiter soll nicht zerstückt werden. Dann wird er entselbstet, und fehlt zuletzt zur Arbeit – der arbeitende Mensch" (Natorp 1920: 51).

Für die *Politik* folgt aus dem Prinzip der Genossenschaft zunächst und vor allem die zumindest potentielle Beteiligung aller Stimmfähigen an den das Gemeinwesen betreffenden Entscheidungsprozessen. Selbstregierung und Selbstgesetzgebung sind hier die zentralen Forderungen. Natorps konkreter Vorschlag, ein solches Gemeinwesen politisch zu organisieren, ist das bereits vorgestellte Konzept des *Zentralrates der geistigen Arbeit* und der damit verbundenen Staatsform der *Bularchie* (Ratsregierung). Allein in einer räteorganisatorisch verfassten Demokratie kann Natorp die Chance echter Mitsprache und Mitbestimmung aller dazu Befähigten gewährleistet sehen.

Vor dem Hintergrund, dass Natorp mit der Forderung echter Demokratie ernst machen will, nämlich wirklich *alle* gesellschaftlichen Schichten nicht nur an den wirtschaftlichen, sondern auch an den politischen Entscheidungsprozessen zu beteiligen, wird klar, dass der Erziehung und Bildung eine eminente Bedeutung zuwächst, denn eine solche Beteiligung setzt zwei Dinge voraus:

1. dass, soweit als möglich, alle zum Gemeinwesen gehörenden den Mut finden, sich des eigenen Verstandes zu bedienen, um hier auf eine Wendung Kants anzuspielen, welche dieser in seiner Preisschrift aus dem Jahre 1783 zu der Frage ‚Was ist Aufklärung' geprägt hat. In erziehungswissenschaftlicher Terminologie ausgedrückt handelt es sich hier um die Forderung nach Autonomie, Selbstbestimmung und Mündigkeit.

2. dass, ebenfalls dem Grade der Möglichkeit nach, in allen Gliedern der Gesellschaft etwas vorhanden und lebendig ist, was Natorp im weitesten Sinne mit dem Ausdruck „sozialer Gesinnung" (Natorp 1920: 16) wiederzugeben versucht.

Diese beiden Forderungen finden sich vereinigt in Natorps Feststellung, dass „jedes nichtgemeinschaftliche Wollen Unmündigkeit ist, denn es ist eben noch nicht gewonnene oder, allgemein oder in dem oder in jenem Stück, geschwächte Gemeinschaftsgesinnung, also Mangel an sozialer Erziehung" (Natorp 1920: 40).

Also gehört zu dem geforderten genossenschaftlichen Aufbau von Wirtschaft und Politik „grundwesentlich ein genau hierauf gerichtetes, daher ebenfalls streng nach dem Prinzip der Selbstregelung sich aufbauendes System gemeinschaftlicher Erziehung. Und zwar nicht als nur ‚beiläufiges und unwesentliches Zubehör', sondern weil nur so ein wirtschaftlich-politischer Körper selbstregulierungsfähig wird. Denn überhaupt nur so gibt es ein soziales Selbst, gibt es, der Strenge nach, einen sozialen Willen Einzelner, zumal aller Einzelnen" (Natorp 1920: 57).

3. Grundlegung sozialer Erziehung: Haus und Familie

(IV) Natorps erste Forderung, was eine genossenschaftliche Umgestaltung des Erziehungs- und Bildungswesens anbelangt, ist diejenige nach einer neuen Einstellung der Erwachsenen zu Kindheit und Jugend. Dabei geht es Natorp um die Weckung der Bereitschaft, die grundsätzliche Gleichwertigkeit aller Lebensalter anzuerkennen, sowie um die Entdeckung der Chance, auch und gerade von Heranwachsenden lernen zu können. Aus Verkennung der Selbstschöpfungskräfte und der Eigengesetzlichkeit der Weltgestaltung im Kinde missverständen viele Erwachsene

> „Kindheit, überhaupt Jugend, als niedere Stufe, Unreife, allenfalls erst zu entfaltenden Keim, bloße Summe erst fertig zu machender Unfertigkeiten, stets vom Standpunkt des sich fertig Dünkenden, Obenstehenden, Gereiften, an dem kaum etwas zu entwickeln, geschweige zu erziehen übrig bliebe. Dann scheint das Kind durchaus abhängig vom Draußen, bedürftig und bestimmt für es erzogen zu werden; als sei Jugend bloß da, um ausgetrieben, ja geradezu umgebracht zu werden" (Natorp 1920: 84).

Mit einem Satz: es geht Natorp um die Anerkennung des Selbstwertes und der Selbständigkeit von Kindheit und Jugend. Wer sich dessen nicht bewusst bleibt riskiert, dass die Klarheit und Reinheit des kindlichen Entwicklungsdranges gebrochen wird durch übergestülpte Verhaltensmaßregeln, welche oft nur die Defizite der gesellschaftlichen Realität widerspiegeln:

> „Die ganze Mittelbarkeit, Verstellung, Verschiebung des wirtschaftlichen und politischen Handels und Wandels der Erwachsenen mit allen ihren Übeln spiegelt sich dann in dem, was sich Erziehung nennt. Diese wird damit zur gewaltsamen Hineinziehung in allen Unsinn des verfälschten, verschrobenen Lebens derer, die sich die Fertigen dünken, weil sie in diesen Unsinn sich widerstandslos fügen gelernt haben. Aber sie sind nur fertig mit ihm, weil er mit ihnen fertig geworden ist" (Natorp 1920: 87f).

An die Forderung der Anerkennung und Achtung des Heranwachsenden als Subjekt der Erziehung knüpft sich die Forderung der Anerkennung und Achtung des einfachen Familienlebens als der grundlegenden und primären Instanz von Erziehung. Dabei war Natorp hellsichtig genug, die realen gesellschaftlichen Verhältnisse und die tatsächliche Lage der Familie nicht zu übersehen. So war ihm klar, dass der Individualisierungs- und Industrialisierungsprozess auch die Familie, zumal die einfache Arbeiterfamilie, ergriffen und in Mitleidenschaft gezogen hat. Die ‚intakte' Familie existierte real nur noch in einer Minderzahl, denn die „unmittelbare Erziehung des Hauses ist ja heute in weitem Umfange unterwühlt, ja völlig verwüstet, nicht in den unteren Schichten allein, sondern in allen" (Natorp 1920: 142). Entsprechend muss „überall wo und je mehr die Familie unterhöhlt ist […], dafür Ersatz geschaffen werden" (Natorp 1920: 91).

Hier liegt für Natorp Sinn und Aufgabe des Kindergartens. Doch ist die Kindergartenerziehung für Natorp eine bloße „Nothilfe, höchst unbefriedigend, gerade weil sie das Kind aus der natürlichen Familie herausnimmt, dieser ihren gebührenden Anteil an der Mühe und Verantwortung, damit aber auch an dem unermeßlichen Segen der häuslichen Gemeinschaft nimmt" (Natorp 1920: 91). Von daher bleibt Natorps zentrale Forderung diejenige nach einer Erneuerung des Familienlebens als dem eigentlichen Fundament sozialer Erziehung nach dem Prinzip der Genossenschaft.

> „Nicht das, was war, wiederherzustellen, oder die traurigen Reste davon künstlich zu erhalten, kann die Aufgabe sein, sondern vielmehr, ein echtes häusliches Leben erstmals richtig herzustellen, für eine unmittelbare Erziehung nach dem Typus der Familie und unter voller Inanspruchnahme ihrer naturgegebenen erzieherischen Kräfte überhaupt erst den Boden wieder zu schaffen" (Natorp 1920: 143).

Genossenschaft meint vor allen Dingen Selbstorganisation und Eigenverantwortung der Familien zunächst für sich selbst, aber dann auch untereinander. Realisieren ließe dies sich durch ein quartiersweise Zusammenschließen von „nahe beisammenwohnender, durch die Gemeinschaft des Erwerbs ohnehin, eben genossenschaftlich, verbundener Hausungen zu gegenseitiger Hilfe in der Aufzucht zunächst der vorschulpflichtigen Kinder" (Natorp 1920: 92).

Der Phase der Familienerziehung folgt die Zeit der „Jugendschule". Sie ist die zweite von drei Stufen, in welche Natorp den Erziehungs- und Bildungsgang eingeteilt sieht. Ihr wiederum folgt die Stufe der Erwachsenenbildung. Dabei stehen die einzelnen Stufen in einem gegenseitigen Ergänzungsverhältnis. Was in einer Phase erreicht worden ist bleibt in der folgenden ganz aufgehoben (vgl. Natorp 1920: 60; 116). Allerdings findet von Stufe zu Stufe eine Verlagerung von Schwerpunkten statt:

> „Seit alter Zeit nun hat man den allgemeinen Gang der Erkenntnis beschrieben durch die Unterscheidung der drei Stufen: Sinnlichkeit, Verstand, Vernunft. Diese fanden wir [...] den drei Stufen der Willensbildung: Trieb, Wille und praktische Vernunft, genau entsprechend" (Natorp 1899: 255).[18]

Danach wiederum formieren sich die „sozialen Organisationen zur Willensentwicklung" bzw. -bildung, nämlich 1. Haus, 2. Schule und 3. freie Selbsterziehung im Gemeinleben der Erwachsenen (vgl. Natorp 1899: 217ff). Primärer Gegenstand der häuslichen Erziehung ist also die Regelung des Trieblebens, der schulischen Erziehung die Bildung des Willens im engeren Sinne und der Erwachsenenbildung die Entfaltung des Vernunftvermögens bzw. die Befreiung der Schöpferkraft (vgl. Kap.IV.6).

---

[18] Was in theoretischer Hinsicht (d.h. die Erkenntnis betreffend) als *Sinnlichkeit, Verstand* und *Vernunft* gefasst werden kann, hat seine Entsprechung in praktischer Hinsicht (d.h. das menschliche Handeln betreffend) in *Trieb, Wille im engeren Sinn* und *praktischer Vernunft* bzw. *Vernunftwille* (vgl. Natorp 1899: 54; 67; 74). Diese Trias findet ihre geistesgeschichtlich wegweisende Manifestation in der ersten der drei großen Kritiken Kants, der *Kritik der reinen Vernunft*, in theoretischer, in der zweiten, der *Kritik der praktischen Vernunft*, in praktischer, und in der dritten, der *Kritik der Urteilskraft*, zumindest dem Ansatz nach, wie Natorp sagen würde, in „poietischer" Hinsicht (vgl. Kap.IV.5).

4. ‚Mittelbau' der sozialen Erziehung: zum Konzept der Sozialeinheitsschule

a) Leitlinien der schulischen Erziehung

(V) In der *Sozialpädagogik* von 1899 lag die zentrale Aufgabe der Schule noch ganz in der Erziehung „des Willens im engeren Sinne". Primäres Erziehungsziel war die Fähigkeit, die eigene Aktivität, d.h. die ‚Triebkräfte', einer Regel unterzuordnen bzw. einem bestimmten Arbeitsziel zu unterstellen (Natorp 1899: 67). Das heißt, dass für den Heranwachsenden mit dem Eintritt in die „Jugendschule" die Herausforderung beginnt, eine Balance zwischen (sozialen) ‚Pflichten' und (individuellen) Neigungen und Bedürfnissen zu finden. Im *Sozialidealismus* tritt im Vergleich zur *Sozialpädagogik* die Betonung einer so verstandenen Willenserziehung zugunsten der Betonung der unmittelbaren *Erfahrung* und des Lernens durch *Anschauung* auffallend zurück. Lassen sich in der um zwanzig Jahre älteren Schrift noch klar die Einflüsse der Kantischen Pflichtenethik ausmachen, so wird im *Sozialidealismus* die Stimme Pestalozzis deutlicher vernehmbar. Von Pestalozzi übernimmt Natorp demnach nicht allein die Wertschätzung des familiären Umfeldes für die kindliche Entwicklung (‚Wohnstube'), sondern auch das Konzept des an der Anschauung und Erfahrung ausgerichteten Lehrens und Lernens. Dementsprechend ist die oberste Forderung der Umgestaltung der Schule im *Sozialidealismus* die Wiedergewinnung des Grundes der Unmittelbarkeit, „der durch das Pestalozzische Wort ‚Anschauung' am einfachsten und mit dem höchsten geschichtlichen Recht bezeichnet wird. ‚Natur' nannte es Rousseau und nennt es sehr oft auch Pestalozzi" (Natorp 1920: 116).

Es liegt von daher in der Logik der Sache, wenn Natorp sich für eine Reduzierung des Lernquantums zugunsten der Lernqualität einsetzt. Es geht ihm dabei um die Bewahrung von Freude, Lust und Liebe am Lernen, das umfassend verstanden wird als anschauliche Entdeckung der Welt. Der überkommene „Verbalunterricht" ist zu ersetzen durch eine echte „Realerziehung", in welcher Anschauungsbildung vor abstrakter Bildung steht (vgl. Natorp 1920: 146).

Es ist Kerschensteiners Konzept des *Werkunterrichts*, das Natorp in diesem Zusammenhang aufgreift und für das er sich einsetzt (vgl. Natorp 1920: 145). Dieses Konzept hat den Vorzug, mehrere zentrale Punkte des Natorpschen Ansatzes zu vereinen. Zunächst und vor allem ermöglicht es eine echte *Lerngemeinschaft* (Projektarbeit) und wirkt daher gemeinschaftsbildend; sodann korrigiert es die Vereinseitigung der bloßen „Kopfbildung" durch Integration der *Handarbeit*; des Weiteren basiert es auf der Unmittelbarkeit von *Anschauung* und *Erfahrung* sowohl des Gegenstandes der Arbeit als auch des Arbeitens selbst; schließlich ist es eine Form der Arbeitsschulung, in welcher das von Natorp geforderte, *selbstbestimmte Verhältnis* des Menschen zu seiner Arbeit eingeübt werden kann. Eine solche Erneuerung des Verhältnisses des Menschen zur wirtschaftlichen Arbeit, auf dass „die Arbeit zum Geist, der Geist zur Arbeit findet" (zit. n. Jegelka 1992: 185f), ist für Natorp eine, wenn nicht *die* zentrale Forderung der Zeit, wenn es um den Aufbau einer neuen, menschlicheren Gesellschaftsordnung geht (vgl. Natorp 1920: 61ff u. 96ff). Was den Schulunterricht anbelangt ist dafür der Werkunterricht *die* Methode der Wahl.

Auch was die für Natorp, wenn gleich der Anschauungsbildung jetzt nach geordnete, so doch immer noch wichtige Forderung der *Willensbildung* anbelangt, bietet der Werkunterricht die Chance, den Heranwachsenden die Fähigkeit zu vermitteln, ihren unsteten, noch allzu oft von Reizen der unmittelbaren Umgebung gelenkten ‚Triebwillen' einem vorausbestimmten Ziel zu unterstellen und damit überhaupt erst Willen im engeren Sinne auszuprägen. Willensstärke und Entschlossenheit ist die Voraussetzung von echter Freiheit, denn „Lossein heißt nicht Freisein. Freiheit geht das Wollen an, Wollen aber heißt fest sein" (Natorp 1920: 48).

Vor dem Hintergrund der sich daraus ergebenden fundamentalen Bedeutung des Werkunterrichtes fordert Natorp sogar noch über die Schulzeit hinaus eine „Arbeitsbildung, die keinem erspart werden dürfe".

> Es müsste „wenn nicht aus dem Bedürfnis der Wirtschaft und nach den Forderungen des Rechts, schon allein um der menschlichen Erziehung willen die allgemeine Arbeitspflicht gelten, mindestens in der Form einer festgesetzten Dienstzeit, statt des früheren Waffendienstes, in jedem Fall für einige Jugendjahre, weiterhin dann vielleicht für kürzere Perioden, seien es Wochen oder festgesetzte Tage oder Stunden" (Natorp 1920: 106).[19]

Insbesondere wendet sich Natorp mit dem Einheitsschulkonzept gegen eine „Klassenpädagogik" wie sie noch das alte System hervorgebracht und gestützt hat (vgl.

---

[19] Was von Natorp hier konzipiert wird, ist ein Vorläufermodell dessen, was sich im Nachkriegsdeutschland der 60er-Jahre als Zivildienst zu etablieren begann (vgl. auch Natorp 1920: 151).

Natorp 1916: 258ff). Das verbindende und tragende Element dabei ist die gemeinsame Handarbeit. Diese bildet im Sinne Pestalozzis die gemeinsame Anschauungs-Anschauungsgrundlage für allen weiteren Unterricht und ist besonders geeignet eine echte Gemeinschaft, nämlich Arbeitsgemeinschaft, unter den Schülern zu stiften.

> „Das bloße Zusammensitzen auf derselben Schulbank verbrüdert nicht, nur die Unmittelbarkeit des Mit- und Füreinanderarbeitens verbrüdert. Solange der Riß durch das ganze Leben geht, wird er auch durch die Schule gehen, zwischen Schüler und Lehrer, Schüler und Eltern, Schüler und Schüler. Aber je mehr die Schule selbst von dem Charakter unmittelbarer Arbeitsgemeinschaft annimmt, also sich, nach der Forderung Pestalozzis, eben dem Typus der Hausgemeinschaft nähert, um so entschiedener wird sie, wenn nicht sonstige Umstände übermächtig dagegen arbeiten, auf innere Vergemeinschaftung hinwirken. Zur Arbeitsgemeinschaft aber wird sie auf keinem sicherern Wege werden können, als sofern sie die unmittelbare Arbeit, die Arbeit der Hand, nach dem Typus der Wirtschaft, in den Mittelpunkt stellt" (Natorp 1920: 145).

Noch im Zusammenhang mit den Erörterungen zur Bedeutung des Werkunterrichts stellt Natorp als ein Grundprinzip der Einheitsschule die Forderung auf, „das Tun am Denken, das Denken am Tun zu prüfen", denn, so Natorp mit Goethe, „wer sich zum Gesetz macht, was einem jeden Neugeborenen der Genius des Menschenverstandes heimlich ins Ohr flüstert: das Tun am Denken, das Denken am Tun zu prüfen, der kann nicht irren, und irrt er, so wird er sich bald auf den rechten Weg zurückfinden" (zit. n. Natorp 1920: 160).

Ganz auf dieser Linie liegt es, wenn Natorp sich für eine verstärkte *Körperbildung* und Ausübung von Gymnastik ausspricht: „Der ist kein voller Mensch, dessen Geistigkeit nicht in gesunder Sinnlichkeit wurzelt, die Sinnlichkeit aber kann nur gesund bleiben in der Unmittelbarkeit des Arbeitens am Natürlichen" (Natorp 1920: 147). Dazu rechnet Natorp auch und besonders die Arbeit mit und am eigenen Körper. Gerade in der Anerkennung und Hochschätzung der Bedeutung der klassischen Antike und des Hellenismus dürfe der Schwerpunkt nicht auf dem rein literarischen Studium liegen, denn „die griechische Bildung war zu allererst gesunde Körperbildung (Gymnastik)" (Natorp 1920: 147).

Mit der Betonung der Bedeutung der Körperbildung findet Natorps Forderung nach einer harmonischen Entwicklung *aller* im Menschenwesen liegenden Vermögen ihre konsequente und überzeugende Weiterführung. Die Schule darf sich nicht die Aufgabe zuschieben lassen, den Menschen einzupassen und für das herrschende

System zuzurichten, sondern sie hat als wirkliche und freie Schule das Wohl des ganzen Menschen und der Menschheit in den Blick zu nehmen. Bei Natorp heißt das in der Sprache seiner Zeit, dass der Jugendschule – ihrem allgemeinsten Begriff nach – die *Bildung der Gesinnung* aufgegeben ist (Natorp 1920: 155). Worum es der Schule zu gehen hat, ist demnach, die Heranwachsenden nicht nur zum Guten fähig, sondern sie auch wirklich zu guten, d.h. zu gut gesinnten Menschen zu machen.

Dieses ‚gut' hat eine innere und eine äußere Komponente. Nach außen heißt es zunächst ‚sozial gesinnt', d.h. fähig das eigene Tun und Lassen nicht nur am vermeintlich eigenen Wohl, sondern immer auch am Wohl der Gemeinschaft auszurichten. In deren Güte ja letztlich, wenn wir Natorp folgen wollen, auch das eigene Wohl begründet liegt. Nach innen heißt es – getreu dem Grundsatz eines aufgeklärten Humanismus – die Entwicklung *aller* im Menschenwesen liegenden Vermögen zu ihrer bestmöglichen Tüchtigkeit:

> „Unter Humanität verstehe ich die Vollkraft des Menschentums im Menschen; unter humaner Bildung: nicht die einseitige Entwicklung des intellektuellen oder des sittlichen oder des ästhetischen Vermögens, noch weniger der bloß physischen Kräfte der Arbeit und des Genusses, sondern die Entfaltung aller dieser Seiten des menschlichen Wesens in ihrem gesunden, normalen, gleichsam gerechten Verhältnis zu einander, in dem Verhältnis, worin sie einander so viel wie möglich fördern und so wenig wie möglich beeinträchtigen. Aber ich möchte noch ein Weiteres dabei mitverstanden haben, was wohl die wesentlichste Bedingung einer so harmonischen Entfaltung der menschlichen Kräfte im einzelnen Menschen ist: die lebendige innere Teilnahme des Einzelnen, in seinem ganzen Sein und Wirken, am Leben der Gesamtheit, an menschlicher Gemeinschaft" (Natorp 1894: 1).

b) Organisation der schulischen Erziehung

Was das organisatorische Konzept der *Sozialeinheitsschule* anbelangt, hat Natorp sich immer wieder gegen den Vorwurf zu wehren, es bedeute eine Einschränkung der Wahlmöglichkeiten der Schüler und hätte von daher Zwangscharakter. Nach Natorp ist das Gegenteil der Fall, denn es geht ihm keineswegs um Einpassung des Heranwachsenden in bestehende Herrschafts- uns Systemstrukturen, sondern gerade darum, dass „ein jeder seine Arbeit und die durch diese geforderte Ausbildung wirklich findet, die ihn befähigt, das beste an seinem Platze zu leisten und zu schaffen, gleichsehr zu eigner Befriedigung und zum Heil des Ganzen" (Natorp 1920: V). Daher macht sich Natorp stark für einen möglichst „frei beweglichen Aufbau des gesamten mittleren Bildungs- und Erziehungswesens, in vollem Gegensatz zu der mehr oder minder zwangsmäßigen Erziehung, als welche die Einheitsschule noch immer von manchem verstanden wird" (Natorp 1920: V). Es geht ihm also um innere Durchlässigkeit (*Kontinuität*) des Schulsystems und damit um die Sicherstellung persönlicher Wahlmöglichkeiten und Freiheiten der Schüler. Daher hat sich die soziale Einheitsschule selbst „ganz als freie, genossenschaftliche Zusammenarbeit, aufzubauen" (Natorp 1920: V). Dies ist die Forderung des *Sozialismus der Bildung*, in genauer Entsprechung zum Sozialismus der Wirtschaft und zum Sozialismus der Politik.

Dazu gehört, nach außen hin, weitestgehende *Selbstorganisation* und *Autonomie*, d.h. Unabhängigkeit von Wirtschaft und Politik.

> „Es wäre die reinste Erfüllung der Idee der Demokratie: daß das Volk keines fremden Herren bedürfte, weil es seiner selbst Herr zu sein gelernt hätte. Soll es dahin je gelangen, so bedarf es dazu eben der Schule. Diese muß, um Schule der Selbstregierung zu sein, selbst ganz und gar auf das Prinzip der Selbstregierung gebaut sein" (Natorp 1920: 129).

Des Weiteren zentral ist Natorps Forderung nach organischer Einheit (*Homogenität*) des Schulsystems. Mit dieser Forderung will er einer verfrühten und einseitigen Aufspaltung des Schulsystems Einhalt gebieten, wodurch sich letztlich nur die Spaltung der Gesellschaft in sich bekämpfende Klassen manifestieren und reproduzieren würde. Es kann nicht, wie noch im Schulsystem des Kaiserreichs üblich, darum gehen, den Kindern aus ‚besser' gestellten Elternhäusern eine privilegierte ‚höhere Lehranstalt' in Form der Vorschule und des Gymnasiums zur Verfügung zu stellen, und demgegenüber, der breiten Masse die ‚Volksschule' zu überlassen. Auch käme dies einer Aufspaltung von Hand- und Kopfarbeit nicht im Sinne einer vernünftigen Arbeitsteilung, sondern im Sinne einer Entmündigung eines Großteils der Gesellschaft gleich. Damit wäre die Forderung eines humanen Bildungsansatzes, nämlich die Bildung *aller* menschlichen Grundvermögen, verletzt. Zentral steht daher Natorps Forderung, dass der Geist wieder zur Arbeit und die Arbeit wieder zum Geist finden müsse (vgl. Natorp 1920: V; 78). Anders lassen sich die tiefen gesellschaftlichen Verwerfungen und Spaltungen nicht beheben, lässt sich der tiefe Riß, der durch die Gesellschaft geht, nicht schließen (vgl. Natorp 1920: 138). Der verhängnisvollen Spaltung von Handarbeit und Kopfarbeit darf also nicht bereits in der Schule Vorschub geleistet werden. Die richtig organisierte Einheitsschule würde

> „vor allem das sichern, daß die beiden Hauptgebiete des Studiums, die realistische [Handarbeit, Anm. d. Verf.] und die humanistische [Kopfarbeit, Anm. d. Verf.], nicht so wie jetzt auseinanderfielen. [...] Alle öde Gleichförmigkeit und Starrheit des Systems wäre vermieden. Sie widerspräche in der Tat ganz dem Grundgedanken der Einheitsschule, wie sie allein Sinn hat. Denn sie erstrebt zwar Differenzierung, aber nicht auf Kosten der Kontinuität; sie erstrebt Bewegungsfreiheit, gerade im Gegensatz zum jetzt herrschenden starren System" (Natorp 1920: 156).

Hier wird neben der *Homogenität* und der *Kontinuität* ein weiteres Strukturmerkmal greifbar. Es ist das Merkmal der *Differenzierung*. Damit ist gesagt, dass, wenn es auch im Grundsatz um die Idee einer gleichen Grundbildung gehen muss, damit keiner Einheitserziehung im Sinne einer stupiden und die Individualität ausblendenden Gleichmacherei Vorschub geleistet werden soll. Eine Spezialisierung der Heranwachsenden je nach Anlage, Neigung und Leistung muss möglich sein und ist sogar gefordert. Natorp lehnt Arbeitsteilung also nicht grundsätzlich ab, sondern nur, wenn sie die menschlichen Grundvermögen betrifft, d.h. wenn sie darauf hinaus läuft, dass die einen denken und die anderen denken lassen bzw. dass die einen arbeiten und die anderen arbeiten lassen. „Die Arbeiten mögen sich teilen, aber der Arbeiter soll nicht zerstückt werden. Dann wird er entselbstet, und fehlt zuletzt zur Arbeit – der arbeitende Mensch" (Natorp 1920: 51).

Wenn sich Arbeitsteilung und Hierarchiegefüge als solche in einer Gesellschaft nicht vermeiden lassen, so kommt viel darauf an, dass die mit der Arbeitsteilung in Zusammenhang stehenden Status- und Machtgefälle so flach als möglich gehalten werden. Entscheidend dafür ist das Bewusstsein, dass *alles* Dienst ist:

> „Aber jede Kraft, gering oder groß, jede Art der Begabung, schlicht oder reich, jede Fähigkeit, sei es zum Führen oder Folgen, alles ist Dienst, keins darf den Herren spielen und den andern zum Knecht machen. Alles hat zu dienen – dem gemeinsamen Werk. Dies aber ist – nicht die hervorzubringende Sache und daraus zu schöpfende Genießung, sondern der Aufbau der Menschheit in jedem Menschen" (Natorp 1920: 56; vgl. auch 111).

In Bezug auf dieses gemeinsame Ziel ist jede Arbeit gleich wertvoll und Differenzierung gewünscht und gefordert. Auf den Einzelnen und auf dessen individuelle Begabung, Neigung und Leistung hin gewendet bleibt das Entscheidende, „dass jede Kraft den Platz findet und da eingestellt wird, wo sie, für das Ganze und damit für den Einzelnen selbst, das Beste leistet" (Natorp 1920: 141). Unbegabung als solche gibt es für Natorp nicht: „Jeder ist begabt für das, wozu eben Gott und die Natur ihn begabt haben […]. An irgendeinen Fleck passt jeder und macht da seine Sache wahrscheinlich besser als irgendein anderer. Diesen Fleck zu finden und ihn eben dahin zu stellen, das ist die Aufgabe" auch und gerade der Jugendschule (Natorp 1920: 146).

Zu den oben dargelegten Strukturmerkmalen (Homogenität, Differenzierung, Kontinuität)[20] muss noch ein alles entscheidender Faktor hinzukommen und zwar der *freie und gleiche Zugang* zum Erziehungs- und Bildungssystem. Um einen solchen zu gewährleisten, fordert Natorp die Einrichtung einer *gemeinsamen* Grundschule, deren Besuch zunächst über vier, aber besser über sechs oder sieben Jahre *für alle* verbindlich sein soll. „Für alle" heißt zunächst ungeachtet des Standes und des Kapitalvermögens des Elternhauses. Kapital ist dabei umfassend zu verstehen, d.h. – ganz im Sinne Bourdieus – als kulturelles, ökonomisches und soziales Kapital. „Die Einheit der Grundschule ist […] der Kernpunkt des ganzen Einheitsaufbaus und steht darum heute im Mittelpunkt der ganzen Frage" (Natorp 1920: 141f).

Nach einer festgesetzten gemeinsamen Grund- bzw. Volksschulzeit (vgl. Natorp 1920: 163) dürften sich dann durchaus einzelne Schulzweige abgabeln und spezifische Schwerpunkte setzen. Allerdings dürfe der Besuch weiterführender Schulen, wie des Gymnasiums, oder berufspraktisch-orientierter Schulen, wie der Real- oder Berufsschule, auch dann nicht den „Aufstieg zum höheren Stockwerk des sozialen Aufbaus" bedeuten, „das heißt die Erhebung eben über die leidige Verpflichtung zur Handarbeit durch das Erlernen der Künste, welche die Teilnahme an der *Herrschaft*, an der sozialen *Herrenstellung* sichern" (Natorp 1920: 146). „Höhere" Schulbildung muss daher immer auch mit einem Mehr an gesellschaftlicher Verantwortung und sozialer Pflichtübernahme verbunden sein und eingebunden bleiben in das gemeinsame Bewusstsein *einem* Werk zu dienen. Das ist die immerwährende Bildung einer menschlichen Gemeinschaft, die als Bildungsgemeinschaft von freien Menschen wirken kann (vgl. Natorp 1920: 106; 148f).[21]

---

[20] Diese entsprechen genau den drei regulativen Prinzipien Kants, „der Homogenität, der Spezifikation und der Kontinuität oder Affinität; wofür wir die geläufigeren Ausdrücke setzen: der *Generalisation*, der *Individualisation* und des *stetigen Übergangs*" (Natorp 1899: 193).

[21] „von freien Menschen" ist beides, *genitivus subjectivus* und *genitivus objectivus*.

Das Projekt der Erziehung und Bildung ist das ewig offene Projekt der Menschwerdung und damit auch ein Projekt, welches das gesamte Leben des einzelnen Menschen umfasst „von der Wiege bis zur Bare" (Natorp 1920: 113). Es ist nach Abschluss der Schulzeit, der Zeit der ‚Jugendschule', keineswegs beendet. Vielmehr tritt es nun erst in seine entscheidende Phase, nämlich die der freien *Selbst*erziehung und *Selbst*bildung. „Keiner sollte aus der Jugendschule entlassen werden, ohne den vollen Begriff davon gewonnen zu haben, daß nun erst die freie Erarbeitung des geistigen Guts zu beginnen hat, alles bis dahin Gewonnene nur Vorübung im Gebrauch des Handwerkszeugs, nicht das Werk selbst ist" (Natorp 1920: 150). Denn „keiner ist frei, der nicht seine Freiheit sich selbsttätig erarbeitet hat in der Gemeinschaft der Freien" (Natorp 1920: 166). Die zentralen Körperschaften dieser lebenslangen, freien, die Berufsausübung begleitenden Erwachsenenbildung sind die *Hochschule*, die *Volkshochschule* und die *Akademie* (vgl. Natorp 1920: 241).

5. Inhalt der sozialen Erziehung: die ganze Welt als Schöpfung

(VI) Ausgangspunkt von Natorps Überlegungen zum „Inhalt der sozialen Erziehung" bildet der durch Kant in seiner ganzen Klarheit zum Ausdruck gebrachte Widerstreit der theoretischen mit der praktischen Vernunft.

> „Wir sind davon ausgegangen, dass Kant uns in dem Widerstreit ‚theoretischer' und ‚praktischer Vernunft', der auf den des Finitismus und Infinitismus zuletzt zurückgeht, doch nicht rat- und hilflos stecken lassen wollte, sondern uns nach dem Ausgleich in einem Dritten zum wenigstens fragen gelehrt hat. Daß dies Dritte aber doch wohl auch ‚Vernunft' sein muß, nur eben nicht theoretische oder praktische, sondern *eine*, die eine, in sich so übertheoretische wie überpraktische, soviel musste schon dem mitdenkenden Leser Kants selbst klar werden; eben dahin war schon durch ihn die Frage unausweichlich gestellt, damit aber auch die Antwort, die Notwendigkeit wenigstens einer Auflösung dieses größten Problems, absehbar geworden" (Natorp 1920: 172).

Nach Kant ist Gegenstand der theoretischen Vernunft das (endliche) *Sein* der Dinge, nicht das *Ding an sich*, sondern dessen *Erscheinung*, d.h. die bedingte, empirische Wirklichkeit. Damit ist die theoretische Vernunft das Vermögen der Indikation, d.h. der Feststellung. Ihr Urteil erstreckt sich darauf, ob und wie etwas *ist* oder *nicht ist*.

Gegenstand der praktischen Vernunft hingegen ist das (unendliche) „Sein" der Ideen, nicht das höchste Wesen selbst, sondern dessen unbedingter, über-empirischer

Sollens-Anspruch. Die praktische Vernunft bewegt sich nicht im Bereich des *Seins*, sondern des *Sollens*. Ihre Aussagen haben als unbedingte Einsagen imperativen Charakter. Die Vernunft vernimmt, ob etwas sein soll oder nicht sein soll. Sie ist das Vermögen der Wahrnehmung der Idee.

Als Gegenstand der „dritten" Vernunft bestimmt Natorp nun die Frage nach dem Individuum, „die damit sich als die eigentliche Kernfrage der ‚Kritik der Urteilskraft' herausstellt" (Natorp 1920: 172).[22] „Das Individuum ist, ganz nach dem Wortsinn, das Un-teilhafte" (Natorp 1920: 172) und damit kein bloßer Teil eines Allgemeinen. Es steht *vor* dem Sein der Dinge und *vor* dem Sein-Sollen der Idee. Es ist deren beider *Ursprung*. Es ist das Leben selbst, „jenes Leben, das man nicht fragen darf, warum oder wozu es lebe; es könnte, wenn es überhaupt einer so törichten Frage Rede stehen müsste, (nach Eckhart)[23] nur zur Antwort geben: Ich lebe darum und dazu, daß ich lebe" (Natorp 1920: 173).

Als Ursprung der Welt des Seins und der Welt des Sollens, der empirischen Welt und der intelligiblen Welt[24], bildlich gesprochen, des „gestirnten Himmels über mir" und des „moralischen Gesetztes in mir" (KpV, A 289), wohnt dem Individuum *Schöpferkraft* inne. Diese Schöpferkraft kann aus theologischer Perspektive als der tiefste und unmittelbarste Ausdruck der Gottebenbildlichkeit des Menschen betrachtet werden. Also liegt die „wahre Selbstheit und Freiheit" des Menschen begründet „im ursprünglichen Selbstsein und Freisein lebendiger – Schöpfung; Schöpfung nicht im bloß passiven Sinn des Geschaffenseins, noch im bloß aktiven des Schaffens, sondern im medialen und damit erst ganz radikalen des *sich selber Schaffens*" (Natorp 1920: 174).

Das Leben lebt im Individuum als dem „'Punkt' nicht im negativen Sinne des Letzten, nicht mehr zu Teilenden, des Hier, nicht Da, Jetzt, nicht Dann, sondern in der reinen

---

[22] Nach der *Kritik der reinen Vernunft* (1781), d.h. der theoretischen Vernunft und der *Kritik der praktischen Vernunft* (1788), ist die *Kritik der Urteilskraft* (1790) die dritte der großen Kritiken Kants.
[23] Gemeint ist Eckhart von Hochheim (1260-1328), bekannt als *Meister Eckhart*. Er war ein bedeutender Theologe und Philosoph des christlichen Mittelalters und einer der großen Vertreter der Deutschen Mystik.
[24] „Intelligible Welt": (*kosmos noêtos*, mundus intelligibilis): die nur durch den Intellekt erfassbare Welt, die geistig-übersinnliche Welt, Idealwelt, Vernunftwelt (vgl. Eisler: 1904).

Positivität absolut einziger Bestimmtheit, Selbstbestimmtheit, und damit vielmehr bestimmenden Kraft für alles, was nicht er, d.h. nicht ‚Individuum', Un-teilhaftes, sondern eben Teilbestimmtheit ist" (Natorp 1920: 176). Das Individuum steht nicht in Raum und Zeit, sondern ist der Ursprung von Raum und Zeit. Der Mensch lebt von Ewigkeit her.

Als Urkraft des Menschen ist die ‚Schöpferkraft' bzw. die ‚schöpferische Vernunft' also Ursprung von ‚Sein' (als dem Gegenstand der Theorie) und ‚Sollen' (als der Aufgabe der Praxis) und damit der gesuchte Vereinigungspunkt des ‚Seins' mit dem ‚Sollen', des ‚Sollens' mit dem ‚Sein', d.h. Ursprung (Prinzip) der ‚Individuität' (als der Hoffnung des Menschen).[25] Das Individuum ist es, das die Welt des Theoretischen und des Praktischen „ganz in eins schlingt: zum Sollen, das selber ist, Sein, das selber ins ewige Soll sich *entwickelt, d.i. Leben*" (Natorp 1920: 176).

Auf der Basis dieser philosophischen Grundsatzerwägungen macht sich Natorp nun an die eigentliche Beantwortung der Frage nach dem Inhalt der Erziehung bzw. nach dem Gehalt der Bildung. Seine Antwort formuliert er in kritischer Auseinandersetzung mit Ernst Tröltsch, der in seinem Beitrag ‚Deutsche Bildung' zur Sammelschrift *Der Leuchter* (Darmstadt: 1919) „ein höchstes Geistiges allein, als die Frage der Bildung wirklich angehend, ins Auge faßt, alles bloß Naturhafte, aber auch, als diesem viel zu nahe bleibend, alles bloß Wirtschaftliche und Politische – also gerade das, was unter dem Titel der ‚Geschichte' bisher vorzugsweise Beachtung gefunden hat – aus der Erwägung" ausscheidet (Natorp 1920: 177). Die Ausscheidung dieses Bereichs als nicht zum „Kern des Wesens" gehörig, „als bloß verfügbare, der Gestaltung wartende Materie, als nur schicksalhaft Gegebenes, das man zuvor wissen, mit dem man rechnen muß, das aber die ‚Bildung' eigentlich nicht angeht" wird bei Tröltsch weiter ausgedehnt auf „den ganzen Inhalt der positiven Wissenschaften, Natur- wie Geschichtswissenschaften" und schließlich sogar auf die nach Tröltsch „bloß partikularen und positiven Festlegungen der Wertwelt" (Natorp 1920: 177).

---

[25] „Was kann ich wissen, was soll ich tun, was darf ich Hoffen", nach Kant die drei Grundfragen des philosophischen Denkens, zusammengefasst in der Frage: „Was ist der Mensch?" Diese vier Fragen finden sich so in Kants Vorlesung über *Logik* (1800 durch Jäsche herausgegeben) und bezeichnen *Metaphysik (bzw. Erkenntnistheorie), Ethik, Religionsphilosophie* und *Anthropologie*.

Einer solchen Ausscheidung von vermeintlich unwesentlichen Bereichen der Wirklichkeit aus dem, was Bildung unmittelbar angeht, kann Natorp nicht zustimmen, denn „ist es nicht […] ein einfaches Gebot der Wahrhaftigkeit, dies alles, da es doch unzweifelhaft *ist* und *lebt*, auch voll anzuerkennen und in Rechnung zu stellen? Soll es einmal [nach Tröltsch, Anm. d. Verf.] gelten, dass alles schicksalhaft Gegebene, Positive nur dazu da ist, vom Geiste ‚bewältigt' zu werden, so darf es uns nicht bloß Gegebenes, Positives, nicht ‚Schicksal' bleiben, sondern muß sich ganz in Selbsttat, in Schöpfung wandeln; der Geist muß seiner Herr werden, wenn nicht es, das Positive, ihn zum Knecht machen soll" (Natorp 1920: 178). Demnach umfasst der Inhalt der Erziehung und Bildung die Beschäftigung mit der *ganzen* Welt, nicht mit der Welt als ganzer, aber grundsätzlich mit jedem Ding und Wert und Individuum. Denn in jedem Ding, in jedem Wert, in jedem Individuum drückt sich Geist aus – Schöpfergeist. Nichts und niemand ist schlechthin ungeistig und unwert sich ihm zuzuwenden. Um was es Natorp hier geht, ist die Heiligung der ganzen Welt als Schöpfung, mit anderen Worten: die Erkenntnis Gottes als des ‚Gottes der kleinen Dinge'.

> „Das Wort ward Fleisch, nicht, es schied sich von ihm. […] Der ganze Gegensatz: Geist und Ungeist, als absoluter, muß fallen; man darf dem Ungeist gar nicht soviel nachgeben, dass man ihn, wenngleich als den Feind, anerkennt, man muß ihm beweisen, dass er gar nicht ist; man muß dem Gespenst zuleibe gehen, bis es verschwindet und in nichtigen Schein zergeht" (Natorp 1920: 180).

Wichtiger als diese „vielleicht allzu metaphysische Erwägung" bleibt als Einwand gegen Tröltsch, dass sein ahistorischer und anti-positivistischer Ansatz „dem Ernste der heutigen Lage nicht gerecht wird" (Natorp 1920: 178), denn Tröltschs Ansatz marginalisiert die kritische Analyse der Machtstrukturen und Abhängigkeitsverhältnisse in Wirtschaft, Politik und Gesellschaft. Auch wenn in diesen Bereichen die Gefahr besteht, sich in tausend Einzelfragen zu verzetteln und sich in der Peripherie zu verlieren, so „gehört das alles darum nicht weniger dem Geiste selbst an. Er wäre nicht das Zentrum, wenn nicht der ganze Umkreis sich zuletzt von ihm aus bestimmte und in ihm zusammenfasste, konzentrierte" (Natorp 1920: 179). Soziale und historische Gegebenheiten, politische und gesellschaftliche Strukturen, der ganze Inhalt positiver Wissenschaften: nichts ist auszuscheiden. In allem drückt sich Geist und somit Bildungsgehalt aus. Es gibt nichts Ungeistiges, der wirklichen Bildung unwürdiges. So der zusammengefasste Standpunkt Natorps, was die Frage nach dem Inhalt von Erziehung und Bildung anbelangt.

6. Vollendung der sozialen Erziehung: die freie Bildung der Erwachsenen

(VII) Leitfrage des letzten Kapitels des *Sozialidealismus* ist die Frage nach *Form*, d.h. „nach Gliederung und Anordnung, Stufengang und erreichbarem, soweit möglich zu erreichendem Ziel" von Erziehung und Bildung (Natorp 1920: 200).

Es sind grundsätzliche Erwägungen zum Verhältnis von Inhalt, Form und Materie, aus welchen Natorp den geistigen Bildungsprozess des Individuums aufs ganze gesehen als einen *dreiphasigen Entwicklungsprozess* ableitet, zu welchem die drei Stufen der Willensbildung (Trieb, Wille und praktische Vernunft) und damit auch die drei „sozialen Organisationen zur Willenserziehung" (Haus, Jugendschule und Erwachsenenbildung) in genauer Entsprechung stehen.

> „Dies nun ist der – qualitative, nicht quantitative – Stufengang: völlige Beschlossenheit in sich, damit innerlichst zusammengefasste Kraft der Schöpfung, unmittelbarste, teilloseste, intensivste Einheit, Individualität; dann Entwicklung, Aufschließung nach außen, damit Eintritt in den Bereich der Mittelbarkeit, Teilhaftigkeit, unter mindestens scheinbarem Verlust an Ursprünglichkeit, an Individualität; zuletzt Wiederzusammenschluß zu neuer erst innerlichster, intensivster Einheit, also Individualität und Schöpfungsfreiheit, die wie in einer letzten Integration, das Facit der ganzen Rechnung zieht, um sie dann aber ganz hinter sich zu werfen und in neuer Produktion einen neuen, und so immer einen neuen, jedes Mal wieder diesem analogen, nicht Kreis- sondern *Spirallauf* anzuheben" (Natorp 1920: 207).

Entwicklung ist in diesem Sinne die zunehmende Erschließung von Sinn und Einheit der Mannigfaltigkeit der ‚Objektwelt'. Diese Erschließung lässt sich nur denken als *Selbst*erschließung, denn Worte sind bestenfalls ‚Deut' nicht aber Sinn selbst. Dieser könnte gar nicht in uns kommen, wenn er nicht bereits verborgen in uns wäre. „Aller ‚Sinn' *ist*, und zwar ursprünglich, sei's auch ursprünglich nur schlummernd, als derselbe in allen, er braucht uns nicht von außen erst gegeben zu werden, wir haben ihn, können und müssen ihn in uns selber finden, und finden ihn sicher, wenn wir nur suchen" (Natorp 1920: 215). Demnach versteht sich Erziehung wesentlich als Mäeutik, d.h. Geburtshilfe, und Bildung wesentlich als *Selbst*bildung, d.h. als *Entwicklung* und Selbst*besinnung*[26] (Individuierung). Daraus ergibt sich, dass echte Lehre nur Hinweis sein kann, das Gesuchte bei sich selbst zu finden. Echtes Unterrichten,

---

[26] „Besinnung" in der Bedeutung von sich selbst einen Sinn, ein Ziel (griech. *télos*) geben.

Erziehen und Bilden kann demnach nur Anleitung und Hinweis zum Selber-Denken, Selber-Wollen und vollends zum Sich-Selbst-Schaffen sein. Dafür bedarf es der

> „Unbefangenheit, um rein einzunehmen, was aus der Eingebung des Genius sich stets in uns zu ergießen bereit ist ja verlangt. Aber das fordert freilich nicht wenig, es fordert die Überwindung tausendfältiger Lähmungen, Versteifungen, Verkrampfungen, die die Hast und der Drang eines durchaus verbildeten, entnaturten Lebens verschuldet, die uns gebunden halten wie ein Albdruck traumgequälten Schlafs, der kein rechter Schlaf und doch auch nichts weniger als Wachsein ist. Der ewig ungeduldigen Hast zu entrinnen, das ist, was uns allen nottut, ein Innehalten um inne zu werden, eine reine Konzentration im tiefinnersten Grunde des Selbst, in der alles Ich und Du, alles Fordern, Vorwegnehmenwollen, aller Vorwitz und Vorwille zum Schweigen gekommen ist und nichts bleibt als die reine Empfängnisbereitschaft mit ihrem Thauma[27]" (Natorp 1920: 218f).

Als Grundbedingung der Befreiung der *Schöpferkraft* und als „Grundlage aller Bildung" bezeichnet Natorp die „Wiederherstellung des gesunden Lebensrhythmus" und somit die „Rückführung zur reinen Spontaneität", „den die griechische Erziehung durch Gymnastik und Musik anstrebte und erreichte" (Natorp 1920: 219). Mit scharfer Kritik wendet sich Natorp gegen das etablierte Schul- und Erziehungssystem:

> „Unsere Schulen freilich schmücken sich mit dem klassischen Titel Gymnasium und verfehlen nichts so sehr wie die Gymnastik, sie lehren nicht so viel wie recht Atmen und Gehen. Sie wollen Museen sein und haben allen neun Musen verbannt. Daß sie Lebensrhythmus ausbilden, ich glaube, sie selbst werden es nicht zu behaupten wagen" (Natorp 1920: 219).

Primäre Instanz zur Entwicklung von „reiner Spontaneität" und „gesundem Lebensrhythmus" ist das, was als erste Stufe der Willenserziehung charakterisiert worden ist und dessen Bezugsrahmen noch ganz Haus und Familie ist. Demgegenüber bedeutet der Eintritt in die Schule zunächst „ganz allgemein den Eintritt in den Bereich der Mittelbarkeit, der Geteiltheit" (Natorp 1920: 221). Die kindliche Spontaneität und der ungehemmte Lebensausdruck werden mehr und mehr ersetzt durch das Prinzip künstlich erzielter und planvoll erarbeiteter Leistung. Es herrscht die starre Gleichförmigkeit von Gesetz und Regel und alles muss sich darunter fügen, „um methodisch festgelegt, auf vorgezeichnetem Wege vom einen zum andern errechnet, wie auf gebahnter Straße des Gedankens gleichsam fahrplanmäßig sicher erreicht werden zu können" (Natorp 1920: 222). Das vollends nicht mehr ‚von selbst fließende' Tun wird zur aufgelegten Last, zur Arbeit. Die große Gefahr dieser zweiten

---

[27] *tó thaûma* (griech.) – das Erstaunen, die Verwunderung.

Erziehungsphase ist also, dass die Leistung das Sein überwächst und der Mensch so mehr und mehr zum bloßen Mittel für ihm äußere Zwecke wird. Entsprechend wird auch Gemeinschaft zur bloßen Zweckgemeinschaft, die – gleich einer Räuberbande – zusammenhält nur solange das Geschäft blüht. „Das wird der Sinn der ‚Gesellschaft', dass alle die Gesellen der einen Meisterin, die alles und alle meistert, der Leistung, sind" (Natorp 1920: 224).

> Und das „Geistigste, das Wort; es tritt selbst in den Dienst des Zwecks der ‚Verständigung', nicht mehr des einander innerlich Verstehens, sondern der künstlichen, erzwungenen Vereinbarung über ein, beiden sich Vertragenden gleich äußerliches, nur von außen her sie in Verbindung setzendes Drittes, nämlich das gemeinsam zu vollbringende Werk" (Natorp 1920: 225).

Das Wort wird so missbrauchbar und tatsächlich missbraucht. Es „dient besonders dem Zwange der Befehlsgewalt, dem Zwange der Herrschaft, und wird damit zur tückischsten (weil doch immer noch geistig scheinenden) Waffe der Gewaltübung. ‚Mit Worten läßt sich trefflich streiten, mit Worten ein System bereiten', das System einer scheingeistigen Herrschaft, die die dahinter stehende sehr ungeistige Gewalt zu zwingen nur schlecht verschleiert. Das Wort spricht nun nicht mehr von Seele zu Seele, es erschließt nicht, sondern verhüllt und entstellt als Maske das wahre Gesicht" (Natorp 1920: 225) der herrschenden Machtstrukturen, wie man ergänzen möchte.[28]

Natorp sieht als die große Gefahr der Schulerziehung, dass sie dazu beiträgt, ein solches Zwangs- und Herrschaftssystem zu stützen, dann nämlich, wenn Sie ihren Schülern und Schülerinnen statt Selbstdenken totes Sachwissen, statt Individuität Konformität, statt Autonomie Autoritätshörigkeit, statt sozialer Gesinnung Egoismus, statt geistiger Freiheit Unmündigkeit usw. beibringt. Doch hat eben die Schule auch das Potential zum anderen, besseren; das Potential zu einer Erziehung zur Mündigkeit, – mit Natorp gesprochen – das Potential zu einer Entwicklung der schöpferischen Kräfte beizutragen; dies nicht anders als die Erziehung in Haus und Familie, nämlich zunächst und zuerst durch Rhythmisierung des Lebens.

---

[28] Es ist doch bemerkenswert, wie das, was die Frankfurter Schule und in deren Nachfolge die Kritische Erziehungswissenschaft ab den 60er-Jahren unter dem Titel *Ideologiekritik* in die akademische und populärwissenschaftliche Diskussion eingebracht haben, – teilweise bis auf die Wortwahl – bei Natorp bereits Anfang der 20er-Jahre seinen Ausdruck gefunden hat.

Freilich kann, wie der familiäre, so auch der schulische Beitrag immer nur ein hinführender und vorbereitender sein. Die eigentliche Sphäre der Verwirklichung der Schöpferkraft liegt erst in der dritten Phase des menschlichen Bildungs- und Entwicklungsprozesses, der Phase der *freien* Selbstbildung der Erwachsenen. Die Befreiung der Schöpferkraft setzt voraus, die Kräfte des Verstandes und des Willens auf den Bereich zu beschränken, der ihnen zukommt, den Bereich des Endlichen. Den Wert der Selbstbeschränkung der Vernunft auf den Bereich des Endlichen bzw. Empirischen hat Kant in der *Kritik der reinen Vernunft* dargelegt. Doch auch der Wille darf nicht als ein Letztes erachtet werden. „Er ist, im Gegensatz zur Bestimmtheit der Verstandessetzung, *bestimmend*, aber zuletzt doch, weil selber bestimmt; bestimmt um zu bestimmen; zu bestimmen nur der Richtung nach, eben willenbestimmend; nicht weiter" (Natorp 1920: 236f). D.h. auch er unterliegt, nicht anders als der Verstand, falls er alleinherrschend sein will, der Gefahr der Verendlichung, die er aus sich heraus nicht überwinden kann (vgl. Natorp 1920: 236). Als endliche Kräfte haben Wille und Verstand ihren Platz als zum Dienen bestimmte Kräfte. Zur Herrschaft allein berufen ist die Freiheit. „Ihre Herrschaft ist Befreiung, denn ihr letzter Sinn ist Schöpfung, Selbstschöpfung" (Natorp 1920: 229). Für unentbehrlich zur Entdeckung dieser Freiheit erachtet Natorp die Besinnung auf „den Ewigkeitsgrund, in dem wir alle verwurzelt sind. Denn Ewigkeit allein befreit wahrhaft. Sie öffnet den im Endlichen befangenen Blick des Verstandes, sie löst den Willen aus der Haft der endlichen Einstellung, in der er seiner Freiheit verlustig ging; und sie entbindet alle schöpferischen Kräfte, für die sie den Raum freimacht. […] Ewigkeit ist Schöpfung, Schöpfung Ewigkeit" (Natorp 1920: 230). Der innerlich erlebte und vollzogene Ewigkeitsbezug ist es denn auch, der den Menschen erst für echte, lebendige Gemeinschaft bereit macht und erschließt. Andersherum lässt sich aber auch sagen, dass „nur Gemeinschaft zum Bewusstsein der eigenen Ewigkeitsbeziehung befreit. Das ist zuletzt der Grund, warum Erziehung Gemeinschaft, nicht nur Gemeinschaft Erziehung fordert" (Natorp 1920: 230).

Selbstbestimmung (Autonomie) und Selbst*besinnung*[29] (Autotelie) finden bei Natorp ihre Aufhebung in der Selbstschöpfung (Autopoiesis). Sie bezeichnet den „Gipfel der Bildung" (Natorp 1920: 245).

---

[29] Vgl. Fußnote Nr. 26.

> Selbstschöpfung liegt „über dem gemeinen Begriff der ‚Erziehung' hinaus, da man diese, nicht ohne guten Grund, jedenfalls in erster Linie als Willenssache ansieht. Schöpfung kann nicht gewollt werden, sie ist, als Zeugung, Geschenk des Genius. Aber sicher fällt sie in den Bereich der ‚Bildung', der die Erziehung des Willens immerhin die Wege frei zu machen hat; insoweit geht sie sicher auch diese an. Bildung ist Schöpfung, und zwar (was allein darunter hier verstanden wird) Selbstschöpfung; umgekehrt: Schöpfung ist Bildung, und zwar seiner selbst, nicht eines draußen stehenden oder nach außen herzustellenden Werks" (Natorp 1920: 243).

Nach Pestalozzi ist der Mensch „Werk der Natur", „Werk der Gesellschaft" und „Werk seiner Selbst" (vgl. Pestalozzi 1797). In Analogie zu Kant und dessen ‚kopernikanischer Wende' auf dem Gebiet der Erkenntnisphilosophie wandelt Natorp Pestalozzis Aussage um in die Fassung:

Der Mensch ist Schöpfer seiner selbst und seiner Welt.[30] Das ist die kopernikanische Wende der Sozialphilosophie. Sie bedeutet: die REVOLUTION des Menschen.

V. Salem – Konzept eines Landerziehungsheims

Diese Untersuchung fokussiert auf Hahns pädagogisches Konzept, wie es seine erstmalige, umfassende Realisierung und Erprobung in Salem ab den 20er-Jahren erfahren hat. Die Signifikanz Salems für Hahns pädagogisches Schaffen lässt sich von zwei Seiten her deutlich machen:

1. Hahns Wirken weist eine ganz erstaunliche Konstanz über die Dauer seines Lebens auf, d.h. alle wesentlichen pädagogischen Elemente sind in der Konzeption Salems zumindest *in nuce* vorhanden (vgl. Friese 2000: 19; 272). Zwar erfährt sein Schaffen über die schulische Erziehung hinaus – insbesondere während der 40er- und 50er-Jahre – eine Erweiterung und Vertiefung im Hinblick auf die eigenständige Entfaltung der „Erlebnistherapie" und der Kurzschul-Erziehung, doch bleibt Hahn der Internatserziehung und Salem als seinem Modellprojekt ein Leben lang in besonderer Weise treu.

---

[30] Das schöpferische Vermögen beinhaltet mit der Fähigkeit, sich selbst und sein eigenes Leben zu entwerfen, auch die Fähigkeit, die gegenständliche (d.h. natürliche) und die soziale (d.h. gesellschaftliche) Welt zu entwerfen bzw. zu gestalten. Aus dem „Ding an sich" wird bei diesem Gestaltungsvorgang Erscheinung bzw. Objekt; aus der Natur Kultur; aus der Horde oder amorphen Masse Gesellschaft und Gemeinschaft.

2. Die Gründung des Internats erfolgte nicht beiläufig. Hahn wendet nach dem Ersten Weltkrieg dem politischen Tagesgeschäft entschlossen den Rücken zu, um seiner Berufung zum „Lehrer" zu folgen. Salem war Hahns genuine Antwort auf die Krise des Ersten Weltkriegs. In diesem Projekt bündelte er bis zu seiner erzwungenen Emigration ins englische Exil im Jahr 1933 seine Schaffenskraft, um einen Beitrag zum Aufbau einer Nation zu leisten, deren Zusammenbruch fundamental war.

1. Hahns geistiges Umfeld: Einflüsse und Einordnung seines Schaffens

Das pädagogische Konzept, das Hahn in Salem fruchtbar zu machen suchte, steht in unmittelbarem Zusammenhang mit der von *Hermann Lietz* (1868-1919) angestoßenen *Landerziehungsheimbewegung*. Neben Lietz und Hahn sind als weitere wichtige Vertreter *Gustav Wyneken* (1875-1964) und *Paul Geheeb* (1870-1961) zu nennen (vgl. Badry 1991: 152ff). Tragend für diese Schulreformatoren war die Idee einer *Lebensgemeinschaftsschule*, mithin einer Schulform, welche die primär strukturfunktionale Bedeutung eines einseitig auf kognitive Bildung ausgerichteten (staatlichen) Schulsystems hinter sich lassen sollte. Gegen das autoritäre, dem Herbartianismus verpflichtete Schulsystem des Wilhelminischen Kaiserreiches, galt es, eine neue Erziehungsform zu etablieren, die einer „neuen Natürlichkeit" und dem „Eigenwert der Jugend" verpflichtet war. Hierzu gehört ganz wesentlich die Betonung des unmittelbaren *Erlebens* und *Erfahrens* (im Gegensatz zur abstrakten Wissensvermittlung), die Ausrichtung auf die Bildung *aller* Vermögen der Heranwachsenden, insbesondere des Willens und des Charakters (im Gegensatz zur Vermittlung von bloßen Anstands- und Benimmregeln, Gehorsamkeit und Staatsraison) und die Ausrichtung auf Erziehung in und durch Lebensgemeinschaft (im Gegs. zu einer entsolidarisierenden und individualisierenden Erziehung als bloßem Frontalunterricht).

Auf die wegweisende und fundamentale Bedeutung von Lietz' *Emlohstobba* für den jungen Hahn ist bereits hingewiesen worden (vgl. Kap.III.2). Dieses Buch besiegelte, wie Hahn selbst schreibt, sein Schicksal (vgl. Hahn [1965] zit. n. Arnold-Brown 1966: 185). Darin spiegeln sich die Erfahrungen wieder, die Lietz 1896 bei Cecil Reddie an der *New School Abbotsholme* gesammelt hat.[31] Hahn konnte die englischen *New Schools* und das Leben an den *Colleges* während seiner mehrmaligen Aufenthalte in Oxford selbst kennen und schätzen lernen. Die Nähe des Hahnschen Erziehungsprogramms zu demjenigen von Lietz wird auch daraus ersichtlich, dass sich Salem bereits 1925 der *Vereinigung der Freien Schulen (Landerziehungsheime und Freie Schulgemeinden) in Deutschland* angeschlossen hat. Diese Vereinigung war im Okt. 1924 gegründet worden und umfasste Heime, die sich dem Geiste von Lietz verpflichtet fühlten. 1930 waren in ihr, neben den 7 Lietz-Schulen[32] und Salem Schondorf, die Odenwaldschule, Solling, Hochwaldhausen, Letzlingen und die ‚Schule am Meer' vereinigt (vgl. Schwarz 1970: 150).[33] Doch Hahn setzt Lietz bzw. das Konzept der englischen New Schools in Salem nicht einfach eins zu eins um. Ein signifikanter Unterschied zum Lietzschen und britischen Konzept war beispielsweise die Koedukation, die in Salem von Anfang an praktiziert wurde. Davon abgesehen „baute Hahn auf Bewährtes, modernistische Tendenzen in der Pädagogik lehnte er ab. Er wollte weder progressiv sein noch als progressiv gelten, darauf legte er Zeit seines Lebens großen Wert" (Friese 2000: 79). Wenn auch der Einfluss von Lietz auf den jungen Hahn eminent war, bleibt damit festzuhalten, dass, immer auch andere Strömungen und Denkrichtungen von tragender Bedeutung für seine pädagogische Praxis waren.

Zu den wichtigsten Namen, die hierbei zu nennen sind, zählt *Leonhard Nelson* (1882-1927). Nelson war ein Jugendfreund Hahns. Aus dem wegweisenden Brief an den um vier Jahre älteren Nelson ist bereits zitiert worden (vgl. Kap.III.2). Hahn und Nelson haben sich noch während ihrer Schulzeit in Berlin kennengelernt. 1910 besucht Hahn als Student in Göttingen Seminare zu Ethik und Philosophiegeschichte bei Nelson, der eine akademisch-philosophische Laufbahn eingeschlagen hatte. Ende des Ersten Weltkriegs gründete Nelson in Anlehnung an die Platonische Akademie die *Philosophisch-Politische Akademie* als Trägerin des 1924 eröffneten Landerziehungsheims *Walkemühle* bei Kassel, sowie die *Gesellschaft der Freunde der Philosophisch-Politischen Akademie*. Dem folgte die Gründung des *Internationa-*

---

[31] ‚Emlohstobba' leitet sich durch Umkehrung der Buchstabenfolge aus ‚Abbotsholme' ab. Damit versinnbildlicht Lietz seinen engen konzeptionellen Bezug zu Reddies Schule.
[32] Bieberstein, Gebesee, Buchenau, Haubinda, Ettersburg, Veckenstedt und Spiekeroog.
[33] Auch heute noch gehört Salem der *Vereinigung deutscher Landerziehungsheime* an, die 1947 neu gegründet wurde (vgl. Schwarz 1970: 151).

len *Jugendbundes*, den er 1926 nach Unvereinbarkeitsbeschlüssen seitens der SPD zum *Internationalen Sozialistischen Kampfbund* umwandelte. Nelson sah sich als ethischen, antiklerikalen, nichtmarxistischen, eher an Kant orientierten Sozialisten (vgl. Internet [22.1.08]: http://de.wikipedia.org/wiki/Leonard_Nelson). Der besagte Brief an Nelson macht deutlich, dass sich in dem jugendlichen Hahn eine tiefgreifende Wandlung vollzogen hat, die er Nelson zu verdanken weiß:

> „[…] Du hast mir gezeigt, daß Ästhetik treiben wohl eine löbliche, ja erforderliche Beschäftigung ist, aber als dauernde und einzige mir nicht das Recht geben würde, mich einen gebildeten Menschen zu nennen; […] Also kurz, Du hast mir gezeigt, daß es meine ‚Pflicht' ist, mich mit Naturerkenntnis, mit Philosophie zu beschäftigen. […] 'Du sollst mein Führer und Geleiter sein.' Ich sehne mich nach Deinem Regime bei der bevorstehenden Tätigkeit. Was Du nach diesem Bekenntnis zu tun hast, weißt Du wohl selbst. Bestelle mir die Bücher, die ich lesen soll, und lasse sie mir mit quittierter Rechnung hierher schicken" (Hahn 1998: 13).

Ein weiterer wichtiger Vertreter reformpädagogischer Bestrebungen, mit dem Hahns Denken in enger Verbindung steht, ist *Leopold Ziegler* (1881-1958). Wie Nelson war auch Ziegler Philosoph. Wohnhaft in Überlingen am Bodensee stand er mit Hahn in freundschaftlichem Kontakt (vgl. Knoll in Hahn 1998: 158). In seinem Vorwort zur *Magna Charta einer Schule* von 1928 weist Ziegler auf „wiederholte Gespräche mit dem Leiter einer Schulgemeinde" seiner Nachbarschaft hin, die ihn davon überzeugt hätten, „daß jene aufrüttelnde Bewegung, die um die Jahrhundertwende zur Gründung deutscher Landerziehungsheime führte, unabwendbar totlaufen müsse, wenn man weiter die neuen Erziehungsziele mit veralteten Lehrplänen zu verwirklichen trachte" (Ziegler 1928: XIII). Von daher kann davon ausgegangen werden, dass sich die *Magna Charta* zu einem Gutteil mit den Grundansichten Kurt Hahns deckt. Auf die Lektüre von Zieglers Schrift *Zwischen Mensch und Wirtschaft* (1927) entgegnete Hahn dem Autor: „Die Antwort auf ihr Buch kann nur eine Schule sein!" (Ziegler 1928, XVII). Friese geht sogar so weit, in der Magna *Charta einer Schule* die theoretischen Grundlagen für Salem zu sehen. Doch Frieses Behauptung, Ziegler hätte hier lediglich als Hahns ausführende Hand und Redaktor gearbeitet (Friese 2000: 17), lässt sich bei genauerer Betrachtung wohl kaum aufrechterhalten. Dazu war Ziegler wiederum ein zu eigenständiger Geist. Hahn und Ziegler begegneten sich auf derselben Augenhöhe.

Eminenten Einfluss auf die Fundierung der Hahnschen Pädagogik übte auch *Friedrich Wilhelm Foerster* (1869-1966) aus (vgl. Friese 2000: 76f). Foerster war seit 1914 ordentlicher Professor an der Ludwig-Maximilians-Universität in München, wo er Pädagogik und Philosophie lehrte. Wie Hahn setzte er sich kritisch mit der deutschen Kriegspolitik während des Ersten Weltkrieges und der Frage der Kriegsschuld auseinander. Wegen seiner politischen und ethischen Anschauungen wurde er von nationalistischen Kreisen massiv angegriffen, worauf hin er bereits 1920 sein Lehramt niederlegte und in Emigration ging. In seinem Werk setzte sich Foerster mit ethischen, politischen, sozialen, religiösen und sexuellen Themen auseinander und forderte eine Reform der Erziehung auf christlicher und ethischer Grundlage. Als sein Hauptwerk gilt das 1905 veröffentlichte *Christentum und Klassenkampf* (vgl. Internet [11.12.07]: http://de.wikipedia.org/wiki/Friedrich_Wilhelm_Foerster). In Übereinstimmung mit Hahn beklagte Foerster den „Verfall der Selbstdisziplin", die Herabwürdigung des Tugendbegriffes und den „Mangel an einem konkreten Charakterideal", welches er aus der Jugendbewegung heraus nicht entstehen sah. Wie Hahn stand auch ihm als charakterliches Vorbild das Ideal des englischen Gentleman vor Augen, welches Selbstdisziplin, Pflichttreue und unbedingtes „Zur-Stelle-Sein", vereinigt mit den Elementen des dienenden Helfens und der Rücksichtnahme, zur Ausprägung bringe (vgl. Friese 2000: 76f).

Als wichtige Reformpädagogen, welche in ihren Grundüberzeugungen Hahn sehr nahe standen, seien aus dem weiteren Umfeld noch wenigstens dem Namen nach erwähnt *Georg Michael Kerschensteiner* (1854-1932), *Alfred Lichtwark* (1852 -1914) und – aus dem angelsächsischen Sprachraum – die US-Amerikaner *William James* (1842-1910), *William Heard Kilpatrick* (1871-1965) und ganz besonders dessen Lehrer *John Dewey* (1859-1952). Bedeutung für Salem erlangte Deweys Konzept der Schule als „embryonic community". Für Hahn „sollte Salem von Anfang an keine große Familie, sondern ein kleiner Staat werden" (Hahn zit. n. Friese 2000: 78). Hahn beruft sich explizit neben Hermann Lietz besonders oft auch auf Platon. Dabei zeigen sich die ersten Kapitel der Politeia als besonders relevant (vgl. Pielorz 1991: 46).

2. Eltern-Klientel, Förderer und Schülerschaft

Nach dem Bericht von Marina Ewald, einer engen Mitarbeiterin Hahns, setzte sich die Schülerschaft bei der Gründung Salems aus acht internen und zwanzig externen Jungen und Mädchen zusammen: „Die externen Schüler waren Töchter und Söhne von Angestellten, Bauern und Handwerkern der Gegend; die Internen kamen aus Familien kultureller Tradition, deren Kriegsschicksale es ihnen erschwerten, ihre Kinder eine höhere Schule besuchen zu lassen" (Ewald 1966: 109).

Zwar war Hahns Anspruch von Anfang an, immer auch Kinder aus „einfachen" Verhältnissen mit aufzunehmen (vgl. Hahn 1998: 153), und offensichtlich wurde aus dem Verkauf von Familienschmuck des Hauses von Baden auch eine Stiftung geschaffen, um Freistellen für Schülerinnen und Schüler anzubieten (vgl. Friese 2000: 78f), doch macht der Hinweis Ewalds, dass die internen Schüler und Schülerinnen aus Familien „kultureller Tradition" stammten, um in Salem in den Genuss einer „höheren" Schulbildung zu gelangen, bereits deutlich, dass zumindest, was die internen Schüler, d.h. aber die eigentliche Schülerschaft des Internats, anbelangt, von Anbeginn an primär Kinder der gesellschaftlichen Oberschicht vertreten waren.

Diese These wird durch eine Fotografie bestätigt, welche im Oktober 1919 in Salem aufgenommen worden ist. Sie zeigt die Freiburger und Salemer Hockeymannschaft (vgl. Anhang, Foto). Kleidung und Namen der Abgebildeten zeigen, dass hier Jugendliche mit finanzkräftigem Hintergrund stehen, zumal wenn man bedenkt, wie die allgemeine wirtschaftliche Situation im Nachkriegsdeutschland war. Dem Hockeyspiel wurde in Salem von Anfang an einen sehr hohen und zentralen Stellenwert eingeräumt. Im Vergleich zu Fußball, das in Salem verpönt war und blieb (vgl. Pielorz 1991: 199), ist Hockey seinem Prestige nach verhältnismäßig exklusiv und war, anders als Fußball, nie der Sport der mittleren- oder gar unteren Bevölkerungsschichten.

Die vier ersten internen Schüler waren der Sohn Max von Badens, Prinz Berthold, und die drei Töchter von Lina Richter, der Enkelin des Berliner Bankiers Benoit Oppenheim, in Salem neben Karl Reinhard erste Lehrkraft und enge Mitarbeiterin

Hahns (vgl. Hahn 1998: 103ff).[34] Also bleibt festzustellen, dass, wie Hahn selbst, so auch viele seiner engen Mitarbeiter und Unterstützer aus überaus begüterten oder politisch einflussreichen Kreisen stammten. Zeitlebens hat sich Hahn in den Kreisen der politischen Führungsschicht, des Hochadels und der Hochfinanz bewegt (vgl. Knoll in Hahn 1986: 7), welchem Umstand sich wohl auch das Überleben, zumindest aber die überdurchschnittlich gute Ausstattung des Internats verdankte (trotz Währungsinflation und Rezession). Damit lässt sich als eine treibende Kraft Salems immer auch das Interesse privilegierter Kreise vermuten, ihren Nachkommen eine „höhere" Schulbildung zukommen zu lassen, um so das eigene ökonomische, kulturelle und soziale Kapital dynastisch zu reproduzieren.

Als ein weiterer Beleg für Salems Ausrichtung an der gesellschaftlichen Oberschicht und seine „Verflechtung mit der Welt des europäischen Hochadels" (Lennert 1966: 174) kann die Reihe der Namen der Schulleiter angesehen werden, die Salem – noch alle zu Lebzeiten Hahns – vorgestanden haben: nach dem Zweiten Weltkrieg wurde die Schule zunächst unter der Leitung von Marina Ewald mit Unterstützung Berthold von Badens wieder eröffnet. Es folgten als Schulleiter bis in die 60er-Jahre Prinz Georg Wilhelm von Hannover, Axel von dem Bussche, Horst von Gersdorff und Hartwig von Bernstorff. 1973 übernahm Bernhard Bueb für über 30 Jahre die Gesamtleitung von Internat und Schule. (vgl. Internet [22.1.08]: http://de.wikipedia.org/wiki/Schule_Schloss_Salem).

Somit bleibt festzuhalten, dass sich die Schülerschaft in Salem von Anfang an fast durchweg aus Kindern zusammengesetzt hat, die den finanzkräftigsten Kreisen der Gesellschaft entstammten. Dazu ein ehemaliger Schüler: „Ich war von 1941 bis 1944 dort und kann wohl sagen, daß sich die von Hahn gewollte Mischung aus Arbeitern, Bürgerlichen und Adel nie richtig durchgesetzt hat" (ehem. Schüler, zit. n. Pielorz 1991: 190).

---

[34] Karl Reinhardt, erster Studienleiter Salems und neben Hahn wichtigster Mann, was die pädagogische Ausgestaltung des Internats anbelangt, war verheiratet mit einer Tochter des Firmengründers Carl Johann Freudenberg der bis heute weltweit tätigen Firma *Carl Freudenberg* Unternehmensgruppe Freudenberg. Neben der Verbindung der Reinhardts mit den Industriellen Freudenberg, bestanden auch familiäre Verbindungen mit den Industriellenfamilien und Bankiersfamilien Bassermann, Fries, Ladenburg und Thorbecke. Insbesondere die Bassermanns finanzierten den hessischen und badischen Adel, während die Fries' das österreichische Kaiserhaus finanzierten (vgl. Internet [07.05.07]: http://de.wikipedia.org/wiki/Karl_Reinhardt).

Das Schul- und Internatsgeld beträgt aktuell ca. 2400.- Euro pro Monat und Schüler (eine freiwillige Mehrzahlung um bis zu 100% ist möglich [!]). Der Anteil der Stipendiaten liegt bei ca. 25%. Dabei handelt es sich in aller Regel um Teilstipendien, d.h. eine Reduzierung des monatlichen „Schul- und Erziehungsgeldes" um etwa 500.- Euro (Internet [22.1.08]: http://www.salemcollege.de). Echte Vollstipendien gibt es kaum.[35] Es gibt keinen Anlass, davon auszugehen, dass zu Hahns Zeiten die Beiträge relativ zum Durchschnittseinkommen erschwinglicher gewesen wären. Wenn man die wirtschaftliche Situation des Großteiles der Bevölkerung im Nachkriegsdeutschland der 20er-Jahre bedenkt eher im Gegenteil.

Dass Hahn selbst sich der sozialen Herkunft seiner Schüler durchaus bewusst war, spiegelt sich in den von ihm 1930 formulierten *Sieben Salemer Gesetzen*: „Erlöst die Söhne reicher und mächtiger Eltern dem entnervenden Gefühl der Privilegiertheit" (Hahn 1998: 153). Weiter heißt es da: „Keine Schule kann eine Tradition von Selbstdisziplin und tatkräftiger, aber freudiger Anstrengung aufbauen, wenn nicht mindestens 30 Prozent der Kinder aus Elternhäusern kommen, in denen das Leben nicht nur einfach, sondern sogar hart ist" (ebd.).

Eine etwas ausführlichere Untersuchung zu diesem Punkt war notwendig. Denn die Frage nach der sozialen Verteilung der Schülerschaft, wird einen wichtigen Beitrag zu dem anstehenden Vergleich mit Natorps Konzept der *Sozialeinheitsschule* liefern. Es war aufzuzeigen, dass, was diese Verteilung anbelangt, Hahns Anspruch und die Salemer Wirklichkeit von Anfang an, und im Laufe der Jahre immer offenkundiger, auseinander gingen und dass damit der Elite-Charakter Salems als einer Schule für Kinder der finanziell Hoch- und Höchstgestellten, den Fakten nach zu urteilen, zu keiner Zeit in Frage gestanden haben dürfte.

3. Hahns Gesellschaftsmodell und Demokratieverständnis

Ohne eine Vorstellung von Hahns eigenem Gesellschaftsmodell, seiner Auffassung von Demokratie und seines politischen Ideals fehlt eine wichtige Grundlage für ein umfassendes Verständnis seines Erziehungsprogramms, denn dieses war immer auch in einem umfassenden Sinn politisch motiviert: „Vom Standpunkt der Nation ist

---

[35] Nach der persönlichen Auskunft eines Oberstufenschülers gibt es in Salem derzeit keinen einzigen Schüler mit einem Vollstipendium (Stand: 12. Feb. 08).

das Wichtigste, das die Landerziehungsheime leisten, die staatsbürgerliche Erziehung" (Hahn 1959: 35). Hahn wusste sich in seinem Handeln also der politischen Verfassung des Gemeinwesens verpflichtet. Er wollte über sein pädagogisches Wirken einen Beitrag zum Aufbau einer besseren gesellschaftlichen Wirklichkeit leisten. Dass er, wie Natorp im Übrigen auch, dem Parteiengezänk der jungen Weimarer Republik und dem „sich empor lügen" der Politiker gegenüber sehr kritisch eingestellt war, wurde bereits erwähnt (vgl. Kap.III.4). Was war *seine* Alternative?

Vor dem Hintergrund der Zersplitterung der Parteienlandschaft und der damit verbunden Lähmung der Regierung wird die Zeitforderung nach einer politisch klaren Linie und zielgerichteten Führung verständlich, einer Forderung, der sich auch Hahn – auf einer Linie mit Leonhard Nelson – aus Überzeugung anschloss. „Was Hahn vorschwebte, orientierte sich am konservativen Liberalismus des 19. Jahrhunderts. Vor allem im Viktorianischen England schien ihm das Parlament in der Lage, eine starke Regierung der Besten hervorzubringen; und die Kontrolle über Parlament und Regierung lag seines Erachtens damals in Händen von Männern und Frauen, die fähig und frei waren, die Verletzung von Rechtsstaatlichkeit und Menschenwürde zu erkennen und durch Gemeinsinn und ‚bundesgenössisches Handeln' wieder in Ordnung zu bringen" (Knoll in Hahn 1998: 8).

Wiederholt betont Hahn, dass für ihn „die Aristokratie das Salz ist, auf das die Demokratie nicht verzichten kann" (Hahn 1986: 88). Das heißt, er hält auch in einem grundsätzlich demokratisch organisierten Gemeinwesen eine politische Führungsschicht, eine Führungselite, für unentbehrlich. Der Wert des demokratischen Elements liegt für Hahn primär in der Kontrollfunktion. Denn, so Hahn, nur wo die politischen Führer durch die Macht der Wähler – durch das „zornige Knurren der Volksseele" (vgl. Friese 2000: 272) – immer wieder daran erinnert werden, dass sie dem Gemeinwohl verpflichtet sind, lässt sich die Gefahr bannen, dass sie abtrünnig werden und nur mehr aus Interesse am eigenen Machterhalt agieren.

In der Wertschätzung von einer politischen Führungselite deckt sich Hahns Sichtweise mit derjenigen Zieglers, der in seiner *Magna Charta einer Schule* aus dem Jahre 1928 „in Rücksicht auf die besondere Lage unseres Vaterlandes" feststellt, dass es „für eine deutsche Schule zur Zeit keine Aufgabe von höherer Dringlichkeit gibt, als die zielbewußte Aufzucht und Heranbildung von Führern" (Ziegler 1929: 4). Doch wollte Ziegler Führerschaft letztlich als Dienst verstanden wissen, als Dienst an der Gruppe, in deren vitalen Zusammenhang der Führer „durch Wahl oder Bestimmung, Zufall oder Umstände verflochten wird und die ihrerseits der einzig mögliche Ort ist, der seine persönlichen Auswirkungen empfängt und fortpflanzt, verarbeitet und überträgt" (Ziegler 1929: 5). Auch in Hahns Denken spiegelt sich das Konzept von Führerschaft als Dienst wieder, wenn er von einer „Aristokratie der Hingabe" und einer „Aristokratie des Dienens" spricht (vgl. Friese 2000: 323f). Dabei ging er „von der ursprünglichen Bedeutung des Wortes aus: ‚Aristos' sollten die ‚Besten' sein, Persönlichkeiten mit Charakter in Schlüsselstellungen. [...] Sie hatten die besondere Qualität zu beweisen, daß sie sich für das als Recht erkannte einsetzen" (ebd.). Dafür erachtet Hahn als die notwendigen und zentralen charakterlichen Eigenschaften Selbstdisziplin, Verantwortungsbereitschaft und Gemeinschaftssinn (vgl. Pielorz 1991: 106).

4. Hahns Erziehungsideal: Gentleman und „moderner Ritter"

Als konkretes Charakterideal stand Hahn in Anlehnung an Reddie das Bild des englischen Gentlemans vor Augen. Im ‚Gentleman-Ideal' waren der Begriff von „Adel und Bürgerehre, Exklusivität und esprit de corps, Wissenschaftlichkeit und common sense, Freiheit und Disziplin miteinander verschmolzen" (Pielorz 1991: 105). Auch der für Hahn zentrale und wichtige Begriff des ‚Fair-Play' ist darin mit umfasst: dem Überlegenen soll auch in der Niederlage Respekt und Anerkennung gezollt werden. Um die Kompetenz des ‚Fair-Play' zu erwerben erschien Hahn gerade der Mannschaftssport als das geeignete Mittel. In Salem war das vor allem Hockey. Entscheidend freilich ist die Übertragungsleistung des in Sport und Spiel Eingeübten auf den zwischenmenschlichen bzw. politischen Umgang. Hier kommt es darauf an mit ‚Fair-Play' wirklich ernst zu machen. Es geht darum auch in grundlegenden Meinungsverschiedenheiten, immer noch das ‚Fünkchen Wahrheit' auch in der Position des anderen zu sehen, und, wenn nicht zu sehen, dann wenigstens zu erahnen. Darauf basiert eine lebendige Demokratie.

Zentral bleibt Hahns Forderung nach Sittlichkeit, welche er „als *das* Ziel der Pädagogik" betrachtet. Sie ist für ihn in der „Achtung vor dem Sittengesetz" der Vernunft begründet. Ihren Ausdruck findet sie in dem Gebot: „schone die Würde des Menschen" (Hahn 1998: 26). Eine wichtige Voraussetzung, um den Menschen zu „einem tauglichen Subjekt eines jeden sittlichen Zwecks" zu machen, sieht Hahn in der Ausbildung und Entwicklung möglichst aller menschlichen Vermögen und Kräfte. „Wir sagen, der Pädagoge soll die Seele des Kindes, schön, lebendig und fähig machen, weil nur dadurch der werdende Mensch instand gesetzt wird, sich selbst zu einem sittlichen Menschen zu machen" (Hahn 1998: 33). Dafür gilt es die „menschlichen Seelen so einzurichten, daß im Kräftespiel der menschlichen Neigungen keine zwingt, sondern jede nur rät" (vgl. Hahn 1998: 31).

Eine entscheidende Voraussetzung für die Ausübung von Sittlichkeit ist körperliche Tüchtigkeit. Weiterhin gefordert sind solche Eigenschaften „wie physischer Mut, Schärfe des Denkens, Gesundheit und Lebensfreude" (Hahn 1998: 32f). In intellektueller Hinsicht ist notwendig, dass ein „Kind sein Land sozial, politisch und technisch verstehen lernt" (Hahn 1998: 33). Hahn spricht hier wiederholt von moderner Ritterlichkeit und Rittersinn:

> „Aber die Waffen des modernen Ritters, die Kenntnis der Technik, das Verstehen der Bedürfnisse des niederen Volkes, dem der moderne Ritter ja helfen will, davon hat er [der deutsche Junge] in seiner einfarbigen Schule nichts gelernt" (Hahn 1998: 53).

Sich selbst überlassen würden die Heranwachsenden nach Hahn, wenn überhaupt, dann nur schwer zur Achtung vor der Würde des Menschen und zu Mitmenschlichkeit finden, denn die natürliche Disposition sei „am günstigsten, für eine Lebensrichtung, bei der Eigennutz die herrschende Kraft ist" (Hahn 1998: 42).

Um die positiven Kräfte im Kinde zur Entfaltung zu bringen, misst Hahn dem, was wir heute als „funktionale Erziehung" bezeichnen würden, besondere Bedeutung bei. Der direkten und intentionalen erzieherischen Einwirkung misstraut er, wohl auch auf Grund seiner eigenen Erfahrungen als Schüler. Vielmehr anerkennt er den erzieherischen Wert der Umgebung, sowohl der lokalen, als auch der sozialen. Von daher ergibt sich die Frage nach der Gestaltung dieser Umgebung (vgl. Kap.V.7) und nach dem Verhältnis von Internat und Gesellschaft, d.h. von sozialem Mikro und Makrokosmos (vgl. Kap.V.5).

5. Zum Verhältnis von Internat und Gesellschaft: Schule als „gutes Weideland"

Ein erster Hinweis auf einen Grundzug des Verhältnisses von Internat und Gesellschaft steckt bereits im Wort Internat selbst (abgeleitet aus dem lat. *internus*, - im Inneren befindlich, vertraulich). Es geht demnach um eine sich nach außen abgrenzende Erziehungs- und Lebensform. Der Begriff des Landerziehungsheims konnotiert hier mehr Offenheit. Doch im Gegensatz beispielsweise zu Lietz oder Geheeb, hat Hahn auf diesen Begriff zur Bezeichnung Salems nie besondern Wert gelegt. Tatsächlich versteht Hahn gerade die Abgrenzung gegenüber einer in seinen Augen defizitären, „aufreibenden und zerstreuenden Zivilisation" (Hahn 1998: 227) als einen wesentlichen Vorzug seines Konzeptes. 1921 schreibt er in einem Brief an Max Warburg, den Hamburger Bankier,

> „daß ohne eine moralische Gesundung der Sitten auch an eine politische Wiederaufrichtung nicht zu denken ist. Nur darin gehen wir auseinander: Sie glauben, daß der heute erwachsene Deutsche noch zu retten ist. Ich glaube, wir müssen bei den Kindern anfangen […]. Denn mit der Einsicht ist es nicht getan. Wir brauchen bundesgenössisches Talent. Der Deutsche von heute aber ist unsachlich, unfair, überschätzt das, was ihm die Gemeinschaft schuldet, und unterschätzt das, was er der Gemeinschaft schuldet. […] ‚Es ist wieder das Zeitalter der Burgen.' Wollen wir die Seele unseres Volkes erobern, so müssen wir wie Wilhelm der Eroberer unsere Zwingburgen aufrichten. Wir brauchen ummauerte Kulturzentren an allen Ecken und Enden unseres Landes, darin die Kinder für die Wirklichkeit, allerdings nicht in der Wirklichkeit erzogen werden, denn darüber müssen wir uns ganz klar sein: Die gegenwärtige Wirklichkeit kann nicht die modernen Ritter, die tatenfrohen Denker erziehen, die sie am allermeisten braucht" (Hahn 1986: 29f).

Hahns Gesellschafts- und Zivilisationskritik bleibt recht abstrakt und allgemein formuliert: „Durch tausend bewußte und unbewußte Manifestationen dringen kranke Lebensrichtungen auf die werdenden Menschen ein und stecken sie an. Wie man nicht weiß, daß man eine Krankheit einem anderen gibt, und der nicht weiß, daß er sie empfängt, so geht auch dieser seelische Ansteckungsprozess mit einer grausamen Heimlichkeit vor sich und frißt auch die Menschenkraft an derer, die gut geboren sind" (ebd. 30). An einer wirklichen Aufdeckung der strukturellen Ursachen und einer konkreten Veränderung der gegenwärtigen gesellschaftlichen Missstände zeigt sich Hahn also kaum interessiert. In dieser Hinsicht hat er den Weg der Politik konsequent verlassen. Er hofft auf die zukünftige Generation und setzt sich dafür ein, diese zu einem besseren, verantwortungsvolleren politischen Handeln zu befähigen. Sein

Mittel: Erziehung in und durch die Gemeinschaft. Diese Gemeinschaft soll sich in einer Atmosphäre entwickeln können, welche optimale Bedingungen dafür bietet. Eine solche versucht er in Salem her- und bereit zu stellen:

> „Wir schließen mit Platos Wort: Unsere Kinder sollen nicht auf einer schlechten Weide wachsen, damit sie nicht alle Tage von schlechter Nahrung unmerklich sich nähren und eine große Krankheit in ihrer Seele tragen, ohne dass sie es wissen. Auf gesunden Gefilden sollen sie wohnen, vom Schönen und Guten sich nähren und unmerklich zur Liebe gelenkt werden, damit sie ganz jung schon das Gute liebhaben und das Schlechte hassen, ehe sie sich Rechenschaft geben können; bis dann die Vernunft kommt: sie heißen unsere Jünglinge dann willkommen wie einen guten Freund, denn sie sind in Verwandtschaft mit ihr erzogen" (Hahn 1959: 27).

Der Familie traut Hahn nicht zu, dass von ihr die entscheidenden pädagogischen Wirkungen ausgeübt werden können, denn die Eltern repräsentieren als „Dispositionsvererber" allzu oft das „kranke Kräfteverhältnis der Neigungen. [...] Darum fordern wir mit Plato: die Eltern und die Kinder müssen getrennt werden, natürlich nicht von Geburt an; aber in den entscheidenden Entwicklungsjahren soll eine räumliche Trennung verhindern, daß der Richtung gebende Einfluß vom Elternhause ausgehen muß. [...] Darum müssen wir die Kinder auf das Land schicken und auf dem Lande ummauerte Kulturzentren schaffen, in denen die rechte Lebensrichtung die herrschende ist" (Hahn 1998: 43f).

Aufgrund der starken emotionalen und affektiven Bindung vieler Eltern und besonders der Mütter zu ihren Kindern, scheint Hahn überhaupt der Familie als Instanz von Erziehung nicht viel zuzutrauen. Diese Bindung verleite die Eltern allzu oft zu übergroßer Nachgiebigkeit und Nachsicht. Hahn hingegen bevorzugt einen strengen Erziehungsstiel, insofern er die bittere Schule der Reue und des schlechten Gewissens für einen wertvollen Aspekt der Besserung hält. Eine Mutter bringe einfach zu viel Verständnis für das Verhalten ihres Kindes auf: „Die allzu zärtliche Mutter fängt jedes Flüstern des bösen Gewissens, jeden bekümmerten Blick ihres Kindes gnädig auf, und schon glaubt sie an die vollzogene Erneuerung des Menschen" (Hahn 1998: 37). Durch ihr Verständnis und Mitgefühl aber „nimmt sie seiner Reue den Stachel" und gerade dadurch verliert, so Hahn, „die Niederlage ihre Kraft der Erneuerung" (Hahn 1998: 36). Von einem ‚klassischen' Rollenverhältnis her denkend traut Hahn der väterlichen Einwirkung mehr zu: „Der Schutz, den die Mutter zu geben vermag, reicht höchstens bis zum 11. Lebensjahr; in den Entwicklungsjahren erhält der

Mensch die Prägung seines Lebens, und da bedarf ein Junge der sorgfältigen männlichen Führung" (Hahn 1998: 126). Allerdings hat nach Hahn „das heutige Berufsle-Berufsleben die folgende paradoxe Situation heraufgeführt: Ist der Vater tüchtig, d.h. *darf* er erziehen, so läßt ihm sein Berufsleben weder Kraft noch Zeit dazu. Ist er untüchtig, so *sollte* er nicht erziehen. Es liegt dann nicht im Interesse seiner Söhne, wenn er seine reichliche Muße mit pädagogischer Betätigung erfüllt" (Hahn 1998: 127). Daran, dass die strukturellen Bedingungen des Arbeitsmarktes das Problem sein könnten, denkt Hahn offensichtlich nicht. Entsprechend unterliegt er, im Unterschied zu Natorp, dem Fehler, Arbeitslosigkeit als Folge rein individueller Defizite aufzufassen.

6. Pubertät, „grande passion" und Erholungstätigkeit

In einer Denkschrift zur „Nationalen Aufgabe der Landerziehungsheime" formuliert Hahn 1928 als das zentrale Problem der Erziehung: „Wie soll man die Kinderkraft durch die Entwicklungsjahre hindurch erhalten ungebrochen und unverdünnt? – Wie können wir verhindern, daß der plötzlich durchbrechende Geschlechtstrieb die seelische Energie des Jungen beschlagnahmt und die kindlichen Bestrebungen entkräftet?" Dahinter steht Hahns Einschätzung, dass von „hundert Jungen nur einer heil durch die Pubertät kommt" (Hahn 1998: 128). Von den Mädchen redet er erst gar nicht.

Hahns ‚Impfstoff' gegen die Gefahren der Pubertät ist die rechtzeitige Entdeckung und Entwicklung einer großen, „giftlosen Leidenschaft", der „grande passion" (vgl. Hahn 1959: 34; 83). Dabei geht Hahn davon aus, „daß jedes Kind einer grande passion, einer schöpferischen Leidenschaft, fähig ist, die zu entdecken und zu befriedigen unsere [der Pädagogen] vornehmste Pflicht ist, womöglich noch an der Schwelle der Pubertät, damit die Entwicklungsjahre gewissermaßen von einem Schutzengel begleitet werden, der die jugendliche Seele vor der Alleinherrschaft des Geschlechtstriebes bewahrt" (Hahn zit. n. Friese 2000: 291). Hahns Einstellung zu Pubertät und zu Sexualität zeitigte bisweilen recht prüde anmutende Ausformungen: Salemer Jungen durften nicht in Jugendherbergen und Jugendlagern übernachten; in Gordonstoun durften die Jungen zeitweise nur in Badehosen duschen (vgl. Friese 2000: 291).

Gegen den Vorwurf seiner Kritiker, mit seinem Konzept die Pubertät als einen Unfall in der menschlichen Entwicklung zu disqualifizieren (vgl. v. Hentig 1966: 47), wehrt sich Hahn: „Es ist Unsinn zu sagen, daß die Entwicklung der Sexualität unterdrückt wird durch die ‚grande passions'. Sie ziehen jedoch von den Sexualimpulsen Energie ab und verhindern somit, daß sie überragend und unnatürlich in der frühen Pubertät werden" (Hahn zit. n. Friese 2000: 291f).

Im Rückblick ehemaliger Salemer Schüler spielt der verkrampfte Umgang mit Fragen der Sexualität unter Hahn eine erwähnenswerte Rolle: „Trotz der Koedukation waren Themen wie Sexualität und Erotik in Salem absolut tabu. Wir wurden mit unseren sexuellen Problemen und Fragen vollkommen allein gelassen, ja es war verboten – und zwar ohne Erklärung oder ein anderes Angebot der Hilfe –, darüber zu sprechen" (zit. n. Friese 2000: 292). Unausgefüllte Zeit und daraus resultierende Langeweile erachtete Hahn gerade im Zusammenhang mit seiner Einschätzung der Pubertät als eine zusätzliche Gefährdung. Deswegen wurden die vormittäglichen, 45-minütigen Unterrichtspausen, nicht der freien Verfügung überlassen, sondern mit „Erholungstätigkeit" ausgefüllt. Die „Erholungstätigkeit" stand in Salem nach dem Prinzip der Wahlpflicht auf dem Stundenplan und sollte „trödeligem, zerfahrenem Herumdösen und -spielen ohne Plan und Ziel" entgegensteuern (Hahn zit. n. Friese 2000: 293). „Erholung ist Abwechslung – Musische und Handwerkliche Betätigung kann vielen Erholung bringen" (Hahn 1966 zit. n. Pielorz 1991: 167). Damit wird auch Freizeit und Freizeitgestaltung zur pädagogischen Aufgabe.

Das Konzept der „Erholungstätigkeit" kann demnach als Ursprung für Hahns Erlebnistherapie betrachtet werden. Es galt gegen die Gefahr eines vermeintlich negativ und zerstreuend wirkenden Sexualtriebes eine Kraft im Heranwachsenden lebendig zu halten oder zu entfachen, welche die jugendliche Entwicklung in der gewünschten Bahn zu halten vermag. Hahn spricht hier auch von dem „Entzünden giftloser Leidenschaften". Anzufachen gilt es „die Lust am Bauen, die Sehnsucht nach Bewährung im Ernstfall, auch in der Gefahr, den Forschungstrieb, die Seligkeit des musischen Schaffens, die Freude an der Kunstfertigkeit, die Sorgfalt und Geduld erfordert" (Hahn zit. n. Friese 2000: 294).

Mit der Charakterisierung der gewünschten Leidenschaften als „giftlos" möchte Hahn diese wohl abgrenzen gegen Leidenschaften wie sie durch Nikotin, Alkohol oder

Drogen hervorgerufen werden können. Hartmut v. Hentig geht sogar soweit zu behaupten, Hahn suggeriere mit dieser Wendung, dass „die durch sie verdrängten [erotischen, Anm. d. Verf.] Leidenschaften giftig seien" (v. Hentig 1998: 47). Diese Behauptung erscheint mir nun aber doch als etwas überzogen. Tatsache bleibt, dass es Hahn, was die Erziehung in den Jahren der Pubertät anbelangt, ganz eindeutig nicht um die Liebe zum anderen Geschlecht, sondern um „die Liebe zum Abenteuer, die Liebe zum Alleinsein und die Liebe zum Können und zur Fertigkeit" geht (Hahn zit. n. Friese 2000: 294).

7. Leitlinien der Internatserziehung und pädagogische Ausgestaltung des Internatslebens

Nach dem nun die wichtigsten geistesgeschichtlichen, gesellschaftstheoretischen, anthropologischen und entwicklungspsychologischen Voraussetzungen dargelegt worden sind, ist der theoretische Rahmen aufgespannt, in welchem die konkrete pädagogische Ausgestaltung des Salemer Internatslebens nachvollzogen werden kann.

a) Die „Sieben Salemer Gesetze"

Ihren kodifizierten Niederschlag finden die zentralen pädagogischen Forderungen Hahns in den „Sieben Salemer Gesetzen", die er 1930 erstmalig einem englischsprachigen Publikum vorstellte (Kurt Hahn, The Seven Laws of Salem, Salem 1930; in deutscher Übersetzung in Hahn 1998: 151-153). Dabei handelt es sich weniger um Verhaltensregeln, die von den Schülern zu beachten wären, als vielmehr um an Lehrer und Erzieher formulierte Handlungsmaximen:

1. **„Give the children opportunities for self-discovery. Every girl and boy has a ‚grande passion', often hidden and unrealized to the end of life. The Educator cannot hope and may not try to find it out by psycho-analytical methods. It can and will be revealed by the child coming into close touch with a number of different activities […]."** Selbstentdeckung ist für Hahn identisch mit der Entdeckung der 'grande passion', die in jedem Menschen, wenn auch verborgen, liegt. Für Hahn ist die wichtigste Voraussetzung der Selbstentdeckung, die Chance zur Betätigung des eigenen Aktivitätstriebes. „Neigungen und Abneigungen sind häufig unzuverlässige Wegweiser zur Entdeckung der Berufung eines jungen

Menschen. Nur die Mannigfaltigkeit widerstreitender Erfahrungen gibt der Selbstentdeckung eine faire Chance. Manche dieser Erfahrungen mögen heiß begehrt sein, andere zunächst widerstreben, ja Abscheu auslösen" (Hahn zit. n. Pielorz 1991: 167).

2. **"Make the children meet with triumph and defeat."** Hier geht es um das Kennen- und Akzeptierenlernen von eigenen Grenzen. Dies ist die Voraussetzung des von Hahn so hoch gewerteten 'Fair-Play'. Wer nicht gelernt hat mit Niederlagen umzugehen und diese zu akzeptieren, kann dem Gewinner gegenüber schwer aufrecht und respektvoll begegnen. Für den 'Verlierer' sieht Hahn die Chance, gerade in und durch die Niederlage weiter zu kommen und über die eigenen Grenzen hinaus zu wachsen.

3. **"Give the children the opportunity of self-effacement in the common cause."** Hahn war bestrebt den Kindern und Jugendlichen möglichst viel Verantwortung für das Wohl der Gemeinschaft zu übertragen. "Wer die heranwachsenden Menschen gewinnen will, muß viel von ihnen fordern. Sie versagen sich nie, wenn sie spüren: wir werden gebraucht" (Hahn zit. n. Friese 2000: 295). Seine konzentrierte Umsetzung findet diese Forderung in Hahns Konzept der „Schülerselbstverwaltung" und dem Konzept der „Dienste". Beides wird weiter unten noch eigens ausgeführt.

4. **"Provide periods of silence. Following the great precedent of Quakers."** Hier geht es Hahn um ein Gegengewicht zu den schnellen, hektischen und nervtötenden Ablenkungen der modernen Zeit. Nach dem Mittagessen gab es regelmäßige Zeiten der Ruhe, wo sich alle Kinder auf den Boden zu legen hatten. Darüber hinaus musste jeder Farbentragende sonntags einen 2-stündigen Schweigegang absolvieren (vgl. Hahn 1998: 227). Das war der von Hahn als notwendig erachtete Ausgleich zu Aktivität und Sport (vgl. Gesetz Nr.6).

5. **"Train the imagination."** Trotz dem asketischen und vergleichsweise strengen Erziehungsstil, hat die Phantasie ihren Platz in Hahns Konzept. Allerdings geht es ihm hier weniger um eine romantische, schweifende Phantasie, sondern vielmehr um Phantasie im Sinne von Vorstellungskraft. "The power to resist the pressing stimulus of the hour and the moment [...] depends on the ability to visualize what

you plan and hope and fear for the future". Damit zeigt sich „Imagination" als zentrale Voraussetzung für Ehrgeiz und den Willen sich selbst zu verbessern.

6. **„Make games important but not predominant. Athletics do not suffer by being put in their place."** Die Einschränkung des Sports erklärt sich daraus, dass Hahn bei aller Wertschätzung desselben, die Gefahr meinte ausmachen zu können, dass frühzeitige und einseitige sportliche Betätigung der Entwicklung der kindlichen Phantasie schade: „Wir beschlossen, Mannschaftsspiele nicht vor dem 13. Lebensjahr einzuführen, und konnten feststellen: die Phantasie des Kindes bleibt am Leben und kräftigt sich so weit, daß sie der Pubertät standhalten kann" (Hahn 1986: 61).

7. **„Free the sons of wealthy and powerful from the enervating sense of privilege."** Dafür erschien es Hahn wichtig, die Zusammensetzung der Schülerschaft gemischt zu halten und immer auch Kinder aus „einfachem" Hause zu integrieren. "No school can build up a tradition of self discipline and vigorous but joyours endeavor, unless at least 30% of children come form homes where life is not only simply but even hard". Doch auch wenn es Hahns ehrlich gemeinter Anspruch war, das Verhältnis der Zusammensetzung der Schülerschaft mittels Stipendien zu Gunsten von Kindern aus durchschnittlich bis wenig bemittelten Elternhäusern („where life is hard"!) zu verschieben, so gelang es ihm in diesem Punkt kaum, auch nur im Ansatz Anspruch und Wirklichkeit zur Deckung zu bringen (vgl. Kap.V.2.).

b) Schülerselbstverwaltung und Helfer-System

Von Eton übernahm Hahn das Präfekten- bzw. Helfer-System (vgl. Friese 2000: 81 bzw. Hahn 1998: 226). „Die Salemer Verfassung spiegelt Hahns innenpolitische Einstellung. Demokrat englischer Prägung, legt er Wert auf aristokratische Elemente im demokratischen Staat. Die tragende Gruppe der Schülerschaft, die ‚Farbentragenden', wird daher nicht von der Gesamtheit der Schüler gewählt, sondern ergänzt sich durch eigene Zuwahl. […] Den Vorsitz in der Farbentragenden-Versammlung führte Kurt Hahn selbst. Den stellvertretenden Vorsitz führte der Wächter, das Haupt der Schüler-Selbstverwaltung" (Ewald 1966: 117). Der Begriff „Wächter" ist an Platons *Politeia* angelehnt, wo er (neben „Philosophen" und „Bauern" bzw.

„Handwerkern") einen der drei Stände bezeichnet (vgl. Platon [Politeia]: 376e-412b). Der Wächter und die Helfer wurden aus dem Kreis der Farbentragenden durch den Internatsleiter ausgewählt und ernannt. Die Helfer waren zuständig für verschiedene Teilbereiche des Internatslebens. „Den Flügelhelfern z.B. obliegt der Zustand eines Flügels und somit auch die Tauglichkeit der Zimmerführer" (Ewald 1966: 118). Des Weiteren gibt es Werkhelfer, Juniorenhelfer, Gesundheitshelfer, Außenpostenhelfer, Betriebshelfer, Sporthelfer etc. Bewährte sich jemand nicht, verlor er sein Amt wieder. Privilegien und Status waren also immer an erwiesene Bewährung und ein gesteigertes Maß an Verantwortung gekoppelt.

Als wesentlich für ein starkes Gemeinschaftsleben erachtete es Hahn, jedem Schüler Pflichten zu zuweisen, „einer verdienten Minorität aber Verantwortungen, die ernst genug sind, den kleinen Staat zu gefährden, wenn sie lässig verwaltet werden" (Hahn 1998: 226; 304). Diese „Verantwortungen" waren an besondere Pflichten geknüpft, aber beinhalteten auch besondere Rechte und Privilegien. So bewohnte der Wächter als einziger Schüler ein Zimmer für sich allein. Die Farbentragenden durften als Statussymbol einen lila Streifen am Schulanzug tragen.

> Sie „sind eher einem Orden als einem Parlament vergleichbar, haben aber gesetzberatende und gesetzdurchführende Funktion. Ihr wichtigstes Anliegen ist, den Salemer Gesetzen Achtung zu verschaffen, ganz besonders den ungeschriebenen Gesetzen, die sich aus der Gesinnung ergeben und nicht in Paragraphen faßbar sind. Farbentragende sind die Vertreter der Schule nach innen und außen und sollten mehr von sich fordern als von anderen" (Ewald 1966: 116).

Bei den Pflichten war Hahn darauf bedacht, dass es sich um Aufgaben handelte, von deren Erfüllung das tatsächliche Wohl und Wehe der Gemeinschaft abhängt. Es ging ihm um Bewährung im Ernstfall. So konnte es beispielsweise vorkommen, dass die Schulräume im Winter ungeheizt blieben, wenn der oder die dafür Verantwortliche vergessen hatte, Holz herbei zu schaffen. Hahn selbst verweist in diesem Punkt auf Fichtes *Reden an die deutsche Nation* und dessen Konzept eines Erziehungsstaates: „Die Verfassung muß nämlich so eingerichtet sein, daß der Einzelne für das Ganze nicht bloß unterlassen müsse, sondern daß er für dasselbe auch tun und handelnd leisten könne" (Hahn 1998: 136).

Gerade in den Anfangsjahren hatte Salem um den eigenen Fortbestand zu kämpfen. Es gab kaum helfende Angestellte. Die Schülerschaft hatte daher zahlreiche praktische Arbeiten in Haus und Hof zu erledigen. Der Schule angegliedert war ein Landwirtschaftsbetrieb. Die Bestrebungen gingen dahin, einen möglichst großen Teil an Nahrungsmitteln selbst zu erzeugen. „Die Schule baute ihr eigenes Gemüse an, hatte einige Äcker und Wiesen, Kühe und Pferde" (Ewald 1966: 113; vgl. 117). Damit war zumindest im Salem der 20er-Jahre ein hinreichend großer Bewährungsraum zur Erfüllung von lebenspraktischen und für die Gemeinschaft wichtigen Pflichten gegeben.

c) Die Dienste

Das Konzept der Dienste ist derselben Grundidee verpflichtet wie das Konzept der Schülerselbstverwaltung. Allerdings liegt hier das Hauptaugenmerk nicht in der Verantwortungsübernahme nach innen sondern nach außen hin. Die Wirkung nach außen, d.h. ins gesellschaftliche Umfeld des Internates, wurde Kurt Hahn im Laufe der Zeit immer wichtiger. Voll ausgeprägt hat sich die pädagogische Maßnahme der Dienste aber erst ab Mitte der 30er-Jahre in Gordonstoun. Anlass war das Projekt der Unterstützung der englischen Küstenwache durch die Schülerschaft. In ihrer ausdifferenzierten Form sind die Dienste dann nach Salem reimportiert worden. Das für Hahn entscheidende und pädagogisch wertvolle Moment war dadurch gegeben, dass es sich bei den Diensten nicht um ein arrangiertes Setting in künstlicher Umgebung, sondern um Bewährung im Ernstfall handelte. Dies hält Hahn für entscheidend, um der „Jugend den Trost und die Befriedigung zu geben: Wir werden gebraucht" (Hahn 1986: 84).

In diesem Zusammenhang übernimmt Hahn eine Wendung von *William James* (1842-1920), einem der Wegbereiter des *Pragmatismus*. James macht als Psychologe die Beobachtung, dass „die menschliche Natur im Krieg die höchste Dynamik offenbart". Ein Ansatz wie er sich so auch bei Nietzsche finden lässt. Dazu Hahn: „William James hat recht, wenn er der Erziehung das Ziel setzt, im Leben der Jugend ein moralisches Äquivalent des Krieges zu schaffen. Nur irrt er, wenn er sagt, daß der Krieg die Menschenkraft in ihrer höchsten Dynamik zeigt. Ich stelle dem entgegen, daß die Leidenschaft des Rettens noch eine höhere Dynamik entbindet" (Hahn 1998: 276).

Entscheidend für Hahn ist, dass für die positiven wie negativen Elementarerfahrungen, die der Mensch in Zeiten des Krieges durchlebt, ein diesen an Intensität vergleichbarer oder sogar überlegener Ersatz gefunden wird, der auch in Friedenszeiten aktualisiert werden kann und zwar gerade um der Erhaltung des Friedens willen. Mit dem „moralischen Äquivalent zum Krieg", das Hahn fordert, verfolgt er also tatsächlich, anders als ihm dies manche seiner Kritiker unterstellen wollen (vgl. Kupffer: 1984: 164), ein pazifistisches Ziel. Wenn der Krieg einen Beitrag zur Entfaltung der Seelenkräfte in ihrer größten Bandbreite ermöglicht, dann gilt es, ihn in dieser Funktion durch ein funktionales Äquivalent überflüssig zu machen. Für Hahn liegt dieses im Hilfs- und Rettungsdienst. In diesem Sinne fordert er als Ergänzung zum Militärdienst den Zivildienst. Es geht ihm um Soldaten, „die auch den Frieden lieben" (Hahn 1986: 57).

Was die konkrete Umsetzung anbelangt denkt Hahn an die Gründung von „jugendlichen Dienstverbänden, die an das Rote Kreuz, an die freiwillige Feuerwehr, an die Küstenwache, den Bergwerksrettungsdienst oder die Polizei angeschlossen sind" (Hahn 1998: 276). Entsprechend wurde als verpflichtende Forderung in den Lehrplan der Salemer Mittel- und Oberstufe aufgenommen, vergleichbare soziale Hilfs- und Rettungs-Dienste, in neuerer Zeit auch ökologische Dienste, zu übernehmen.

Amüsant und doch vielsagend, was den Wert des Rettens und Helfens für die persönliche Entwicklung anbelangt, ist ein Zitat aus Hahns heroisch inspiriertem Jugendroman. Es handelt sich um ein Gebet des jungen Protagonisten Erwin: „Lieber Gott, laß morgen einen ins Wasser fallen und mich dabei sein, damit ich ihn retten kann" (Hahn 1998: 19).

d) Die „Erlebnistherapie"

Ganz auf die Darstellung des Konzeptes der Erlebnistherapie kann eine Buch über Hahn nicht verzichten. Zu essentiell ist dieses Konzept mit seinen pädagogischen Grundüberzeugungen verknüpft.

Das, was Hahn unter dem Begriff „Erlebnistherapie" verstanden wissen wollte, entwickelte sich in England im Laufe der 40er-Jahre aus dem Konzept der Dienste und ist, vermittelt über *Outward Bound*, in mehr oder weniger stark modifizierter Form später unter dem Label „Erlebnispädagogik" bekannt geworden. Hahns Credo zum Konzept seiner Erlebnistherapie formulierte er selbst im Duktus eines Arztes: „Wir müssen mehr als erziehen: wir müssen heilen. Ich empfehle die Erlebnistherapie – d. h. die Vermittlung von reinigenden Erfahrungen, die den ganzen Menschen fordern und der Jugend Trost und die Befriedigung geben: wir werden gebraucht" (Hahn 1986: 84). Seine praktische Umsetzung unter dem Gesichtspunkt der Breitenwirkung sollte dieses Konzept über die vergleichsweise exklusive Internatserziehung hinaus ab den 50er-Jahren in eigens dafür geschaffenen „Short-Term-Schools" finden. Für Hahn ist „die Kurzschulbewegung ein Instrument der Tiefenwirkung und der Massenwirkung zugleich" (Hahn 1986: 84).

Outward Bound Deutschland wurde als Verein unter Mitwirkung Kurt Hahns 1951 gegründet. Es folgten die Kurzschul-Gründungen Weißenhaus an der Ostsee (1952), Baad im Kleinwalsertal (1957) und Berchtesgaden in Oberbayern (1967). Der Verein existiert bis heute und hat seine Aktivitäten seit den 90ern signifikant ausgeweitet (vgl. Internet [18.12.07]: http://www.outwardbound.de/de.ueber-outwardbound.historie).

Das Konzept basiert auf folgenden vier Pfeilern: Diese lauten 1. Leibeserziehung (Sport); 2. selbsttätige Projektarbeit; 3. Expedition; 4. sozialer Dienst. Alle diese Elemente waren auch im Salemer Schul- und Internatsleben vertreten bzw. vorgeprägt. *Sport* wurde in vielfältiger Weise geübt. Zentral als Mannschaftssport war Hockey, als Individualsport Leichtathletik sowie der tägliche Morgenlauf.

Die *Projektarbeit* findet ihren deutlichsten Niederschlag in der Einrichtung der Innungen, in welche sich jeder Schüler einzubringen hatte und in denen er seine individuellen Interessen und Neigungen in einem von vier Spezialgebieten vertiefen konnte. Der Arbeit in den Innungen war „der schularbeitsfreie Samstagnachmittag gewidmet" (Ewald 1966: 115). Es gab die Innung der Herolde (künstlerisch-musische Betätigungen, z.B. Herausgabe der Schulzeitung), der Techniker (z.B. Neukonstruktionen und Reparaturen an der Schule), der Naturforscher (z.B. Anlegen von zoologischen Sammlungen, Hüten der Schultiere) und der Landwirte (z.B. Arbeit in der schuleigenen Landwirtschaft) (vgl. Ewald 1966: 115). Die letzte Gruppe ist von Hahn noch Ende der 20er-Jahre als „Gruppe der Kadetten" nach dem Vorbild der englischen Marineschule Osborne konzipiert worden, – offensichtlich in starker Anlehnung an Platons speziellen Erziehungsplan für den Stand der Wächter (vgl. Platon

[Politeia]: 376e-412b). Demnach sollte die Gruppe der Kadetten getrennt von den anderen leben. „Ihnen liegt von der Schule aus die Leitung aller militärischen Expeditionen ob, von Seiten der Schüler die Leitung des Segelns und Bootssports" (Hahn 1998: 47). Tatsächlich ist Hahn von dergleichen militaristischen Elementen und „wehrsportlichen Übungen" dezidiert erst seit dem Zweiten Weltkrieg abgerückt.

Das dritte Kernelement der Erlebnistherapie, die *Expedition*, wird vertreten durch die Unternehmungen und mehrtägigen Exkursionen der Schüler in Feld, Wald und Flur. Als Auftakt zu diesem Element kann die große Finnland-Tour angesehen werden, die von Salem aus 1925 gestartet wurde. Die Schüler unternahmen mit dort gekauften Booten eine Überquerung der Päijänne- und Saimaasee, „und lebten zum Teil vom Fischen und Jagen" (Hahn 1998: 231; 302). Marina Ewald, die das Unternehmen angeleitet hatte, berichtete, während der Reise jene Übereinstimmung von Neigungen und Prinzipien erfahren zu haben, „was man ‚Salemer Methode' nannte: jenes zielbewußte Herbeiführen gewisser bildender Gewohnheiten und Erlebnisse, wie sie im Salemer Leben eingebaut sind (Ewald zit. n. Röhrs 1966: 123).

Das vierte Element der Erlebnistherapie ist der *soziale Dienst*. In ihm verkörpert sich „der Hilfs- und Rettungsgedanke" als „die Mitte dieser Pädagogik" (Röhrs 1966: 93). Aufgrund dieser seiner elementaren Bedeutung wurde das Konzept der Dienste weiter oben eigens dargestellt (s. Kap.V.7.c.).

Zwei Hauptunterschiede der Hahnschen Erlebnistherapie zur gegenwärtigen Auffassung von Erlebnispädagogik seien kurz hervorgehoben:

1. Hahns Anspruch und Auffassung damit „heilend", d.h. therapeutisch zu wirken.
2. Hahns Verschmelzung von *vier* Teil-Elementen zu *einem* Konzept. Wobei das Element des Dienstes von ganz zentraler Bedeutung ist und in der Übernahme gemeinnütziger Aufgaben besteht (freiwillige Feuerwehr, DLRG, THW, Rotes Kreuz, Alten- und Krankenpflege etc.)

e) Erfahrung – Erlebnis – Gemeinschaft

Für Hahn ist und bleibt das Gemeinschaftsleben das zentrale Element der pädagogischen Einwirkung. „Solange", zitiert Hahn Kerschensteiner, „unsere Bildungsanstalten nicht Schulen des gemeinsamen sozialen Lebens werden […], werden wir sie ganz vergeblich als Anstalten zur staatsbürgerlichen Erziehung beanspruchen können" (Hahn 1998: 131). Der entscheidende Vorzug, den das Internat bzw. das Landerziehungsheim gegenüber den üblichen Schulformen bietet ist, dass es eine Erziehung in und durch eine echte Lebensgemeinschaft ermöglicht, wie sie sich sonst vielleicht nur noch im familiären Zusammenleben gestalten lässt. Jedoch gerade der Familie steht Hahn, was die Erziehung anbelangt, misstrauisch gegenüber: „Ich glaube nicht, daß die Familie, sondern nur, daß das Gemeinschaftsleben das Geheimnis der Bundesgenossenschaft vermitteln kann" (Hahn 1998: 109). Es ist Hahns grundlegende Überzeugung, die er wohl mit den allermeisten „Reformpädagogen" teilt, dass rein kognitive Bildung und der klassische, funktional ausdifferenzierte, schulische Unterricht zur Erfüllung des eigentlichen Zieles der Erziehung, der Formung des Charakters und der Bildung des sittlichen Menschen, nicht hinreicht. Will der Pädagoge auf und aus dieser Tiefenschicht wirken, muss er sich bewusst bleiben, dass dies immer ein ganzheitliches Erfassen des Menschen und ein Ergriffensein der ganzen Person voraussetzt. Nur so erfährt die menschliche Tiefenschicht ihre Formung, der menschliche Charakter, wenn überhaupt, seine Prägung. Insofern zeigt es sich als ein Konstitutivum der Reformpädagogik (angeregt durch Vertreter der *Lebensphilosophie* wie Dilthey, Bergson, Simmel und allen voran Nietzsche) das Erlebnis als solches in den Mittelpunkt zu stellen. Pädagogisch geschieht dies oft im Rahmen einer arrangierten, zumindest aber gezielt ausgewählten Umwelt (‚funktionale Erziehung'). Richtschnur ist in aller Regel die Natur bzw. die Natürlichkeit. „Grau, teurer Freund, ist alle Theorie, und grün des Lebens goldner Baum", tönt es aus Goethes Faust.

„Erlebnis" drückt dabei, noch besser als „Erfahrung", den Charakter des die ganze Person Umfassenden aus. Allerdings gibt es auch einen weiten, den Kontext der Empirie sprengenden Begriff von Erfahrung, wie er verwendet wird, um die Qualität einer Person zu betonen. In diesem Sinne kann von einem *erfahrenen* Menschen gesprochen werden. Damit entsprechen sich Erfahrung und Erleben nahezu vollständig: Ein erfahrener Mensch ist ein Mensch, der viel erlebt hat.

Für den pädagogisch Denkenden stellt sich die Frage, wie solches Erleben vermittelt, befördert und unterstützt werden kann? Es kann hier keinen Zwang, auch kein direktes Einwirken geben. Ein Erlebnis kann nicht „mit dem Löffel" verabreicht werden. Was der pädagogisch Handelnde hingegen tun kann, ist, ein attraktives Angebot zu bieten (z.B. eine Tour durch Finnland mit Paddelbooten) oder eine ansprechende

Umwelt zu gestalten (z.B. ein Landerziehungsheim). In der ‚gesunden' Atmosphäre des Internatslebens sollen den Heranwachsenden Erfahrungen und Erlebnisse in der Sphäre der Natur, der Gemeinschaft und des eigenen Selbst ermöglicht werden. Damit sind die drei Felder abgedeckt, die Pestalozzi in seinem Satz vom Menschen als „Werk der Natur", „Werk der Gesellschaft" und „Werk seiner Selbst" als die drei für die menschliche Entwicklung wesentlichen Einflussfaktoren gekennzeichnet hat. Da es Hahn vor allem um die Erziehung des politischen Menschen und die damit verbundenen sozialen Tugenden geht, ist es verständlich, dass der Sphäre der Gemeinschaft eine herausgehobene Bedeutung beigemessen wird. Im gemeinsamen Leben und durch das gemeinsame Leben können die Prägungen erfahren werden, auf die es Hahn am allermeisten ankommt. Ein weiteres Mal zitiert Hahn Kerschensteiner: „Alle diese Eigenschaften, moralischer Mut, selbstloses Wollen und Verantwortlichkeitsbewußtsein als Kardinaltugenden des Staatsbürgers wachsen nur auf dem Boden eines gemeinsamen sozialen Lebens" (Hahn 1998: 131).

Im Hinblick auf die Verhältnisse auf den *public schools* bemerkt Hahn, daß „das gemeinsame Leben und Treiben der Engländer so Vieles" lehrt, „wovon der Deutsche nichts ahnt. Er [der Engländer, Anm. d. Verf.] weiß, wie sich viele und bunte Kräfte zur Kraft zusammenfinden können. Er hat das dem Deutschen verschlossene Geheimnis der Bundesgenossenschaft gelernt in den Jahren, da er gegenwartsfroh aufging in den Sachen seiner Schule, als hinge das Heil der Welt davon ab" (Hahn 1998: 53). Was Gemeinschaft heißt, kann nicht durch Unterricht vermittelt werden. Gemeinschaft kann nur lebendig und durch eigene Teilnahme erfahren und erlebt werden. Folgerichtig setzt sich Hahn für eine Reduzierung des Unterrichtsstoffes ein. Erfahrung vor Belehrung, Erlebnis vor Wissensvermittlung, so lautet sein Motto. „Stoff pauken genügt nicht. Verlangt mehr Denkschulung und weniger Wissensstoff. Auf die Vertiefung kommt es an" (Hahn zit. n. Friese 2000: 351).

Von der zentralen Bedeutung des Faktors Gemeinschaft her stellt sich die Frage nach weiteren Strukturmerkmalen, welche Hahn in der Gestalt des sozialen Miteinanders ausgeprägt wissen wollte. Eigens betrachtet werden soll daher im Folgenden noch, die Gestaltung und Ausprägung der beiden, in pädagogischer Hinsicht am meisten relevanten sozialen Grundverhältnisse, des Verhältnisses der

Schüler untereinander (h) und des Verhältnisses der Lehrer bzw. Erzieher zu den Heranwachsenden (f).

f) Zum Verhältnis Erzieher – Heranwachsende: Mentorensystem und Lebensgemeinschaft

Die Idee, dass Erzieher und Schüler letztlich ein gemeinsames Ziel verfolgen, war Hahn sehr wichtig. Dies äußerte sich dadurch, dass es im Grund keine getrennten Tagesabläufe für Schüler und Lehrer gab. „Man lebte, arbeitete und spielte zusammen" (Ewald 1966: 115). Hahn legte Wert auf einen vertrauten und gemeinschaftlichen Umgang der Lehrer mit den Schülern und umgekehrt. Die entscheidende Frage für Hahn, was das staatliche Bildungswesen anbelangt, war: „werden die deutschen Oberlehrer bereit sein, in eine Lebensgemeinschaft mit ihren Schülern zu treten und den ganzen Tag der Kinder unter ihre Verantwortung zu stellen?" (Hahn 1998: 132). Damit ist die Forderung nach der öffentlichen Ganztageschule aufgestellt, denn nur so könne Charakterbildung überhaupt wirksam angestrebt werden (ebd.).

Wichtiger als die fachliche Qualifikation der Lehrer war für Hahn deren charakterliche Eignung. An Richard von Weizsäcker, den Hahn in den 60er-Jahren für die Leitung des Internats gewinnen wollte, schrieb er: „daß für die Schulleitung nicht in erster Linie pädagogische oder philologische Erfahrungen notwendig seien, sondern Bewährung allgemeiner Art im bisherigen Lebenslauf" (Friese 2000: 242). Immerhin hatte Hahn ja selbst auch keine pädagogische Ausbildung. Entsprechend pflegte Hahn die Lehrer in „zwei Gruppen zu trennen, zum einen meinte er die Lehrer, die unterrichten, zum anderen diejenigen, die für die Charakterbildung zuständig waren" (Friese 2000: 331).

Hahn schwebte ein Lehrerkollegium mit folgenden vier Schwerpunkten vor (vgl. ebd.):

1. akademisch geschulte für den Unterricht (25 Stunden),
2. Erzieher, die sich als Hausväter eignen (16 Unterrichtsstunden bei Zehnstundentag und Betreuungsaufgaben in der Freizeit der Schüler),
3. Experten auf verschiedenen Sachgebieten, die mit ihrem speziellen Forschungsinteresse auf Schüler ansteckend wirken können,

4. Anleiter der praktischen Betätigungen (Handwerker z.B., Fachleute aus gemeinnützigen Vereinen) als Vollmitglieder des Kollegiums (Hahn zit. n. Friese 2000: 331).

Der Großteil der Lehrerschaft lebte und wohnte in den Flügeln und auf den Stockwerken der Schüler. Es gab ein *Mentorensystem*, d.h. dass jeder Schüler einen Lehrer seines Vertrauens zur Seite hatte. Tatsächlich macht es den Eindruck, dass in Salem das Verhältnis der Schüler zu den Lehrern recht ungezwungen und unbelastet von formalen Reglementierungen und einem übersteigerten Autoritätsgefälle war und ist. Hahn selbst hat zu seinen Schülern immer wieder den direkten und persönlichen Kontakt gesucht, auch und gerade außerhalb der Unterrichtszeit.

Es wird vielfach bestätigt, dass in Salem tatsächlich ein besonders vertrautes und persönliches Verhältnis zwischen Lehrern und Schülern existierte: „[…] daß jeder [Lehrer, Anm. d. Verf.] jeden ‚Neuen' [Schüler, Anm. d. Verf.] nach ganz kurzer Zeit kannte und daß sich wirklich jeder für jeden verantwortlich fühlte, über ihn nachdachte und ihn, wenn es notwendig schien, ‚zur Sprache brachte' (denn die Landerziehungsheime bringen etwas fertig, was die ‚Staatsschulen' nie fertig bringen: die tägliche Konferenz) – das war wirklich so" (Lennert 1998: 176; vgl. dazu auch Friese 2000: 98).

Bevor wir uns der detaillierten Betrachtung des Verhältnisses der Internatsschüler untereinander zuwenden, sei der Blick zunächst noch auf Rolle und Bedeutung von Disziplin und Strafe im frühen Salemer Internatsleben gerichtet.

g) Zur Bedeutung von Disziplin und Strafe

Für Hahn sind „Lohn und Strafe unentbehrlich in der Erziehung. Sie helfen dem guten Willen, sich durchzusetzen […]" (Hahn zit. n. Pielorz 1991: 167). Als verhängnisvoll erachtet Hahn die Ausbreitung der „Schmeichelpädagogik" (vgl. Friese 2000: 249). Hahn fordert Disziplin und Selbstdisziplin. Die „Umwerber der Jugend, die durch Worte wie ‚Jugendkultur' den Jungen und Mädchen die ‚Schmeichelsalbe auf die Seele legen'" (Hahn 1986: 38) kritisiert er. Zum Sinn der Strafe sagt Hahn „es sei grausam, einen Schüler nicht zu bestrafen, der etwas Schlechtes getan hat" (Hasseldorn zit. n. Pielorz 1991: 218). Durch Strafe wird nach Hahn die kindliche Seele geläutert. „Bliebe die Strafe aus, gewöhnte sich ein Kind an das zunächst quälend belastende Gefühl, Unrechtes getan zu haben. Die Folgen wären Abgestumpftheit und mangelndes Rechts- und Unrechtsbewußtsein" (Friese 2000: 316). Dabei geht es um Strafen wie Frühgymnastik, Sportverbot, Ausgehverbot, Zimmerarrest oder Strafmärsche. Ein drastischeres Mittel war der Entzug von erworbenen Statussymbolen wie dem Schulanzug, dem Trainingsplan, der Zugehörigkeit zum Kreis der Farbentragenden oder der Helfer. Äußerstes Mittel war der Schulverweis. Der Aspekt der Wiedergutmachung wurde, soweit als möglich mitberücksichtigt. Um, wie Hahn meinte, Gerüchten vorzubeugen, wurde „jede Bestrafung und ihr Anlaß am Anschlagbrett bekannt gegeben" (Ewald 1966: 116).

In der Lehrerschaft umstritten war die Maßnahme des Strafboxens. Wer sich taktlos und ungebührlich verhielt musste sich einem Faustkampf unterziehen. Der Gegner wurde durch den Schulleiter bestimmt. „Jeder der beiden Kämpfer durfte sich einen Sekundanten wählen, der nach Beendigung des Kampfes die Bewertung des Kampfes und über Sieger und Verlierer beriet" (Friese 2000: 320). Dazu ein ehemaliger Schüler: „Strafboxen war, wie das Exerzieren, eine harte Einrichtung für die Jungen. Sie mußten sich unter der Aufsicht eines ehemaligen Polizeikommissars schlagen. Manchmal mußte eine ganze Klasse für gewisse ‚Sünden' strafexerzieren. Diese militaristischen Elemente der Erziehung empfand ich als ein Mangel in Salem" (Friese 2000: 320). Nach 1945 wurden das klassenweise Strafexerzieren und das Strafboxen aufgegeben. „Hahn hatte für die Jungen das Boxen gewählt, weil er nicht wollte, daß die Jungen sich berühren (‚kleben'); deswegen kam das Ringen nicht in Frage" (Friese 2000: 320). Was körperliche Berührung anbelangt, wirkt Hahns Einstellung durchweg überaus prüde, wenn nicht sogar komplexbehaftet (vgl. Ewald 1966: 119). „Wenn Jungen bei ‚Kleberei' erwischt wurden, handelte Hahn mit unerbittlicher Härte: ‚Oskar L., Michael und Carlo haben in widerwärtiger Weise geklebt. Sie betreten 14 Tage kein anderes Kinderzimmer als ihr eigenes. Oskar und Michael fechten einen Boxkampf aus. Wenn sie nicht begreifen, was in Salem Sitte und Anstand ist, fliegen sie von der Schule" (Hahn 1924 zit. n. Friese 2000: 320). Trotz alledem kann man Hahn zugute halten, dass er Strafen nicht als alleiniges Erziehungsmittel kannte und gelten lassen wollte: „Aufklärung, Beispiel, Strafen, ermutigende Antriebe – man kann auf keine dieser Einwirkungen verzichten – sie müssen zusammenströmen" (Hahn zit. n. Friese 2000: 318).

h) Zum Verhältnis der Internatsschüler untereinander: Trainingsplan, Mannschaftssport und Abenteuer

Was das Verhältnis der Schüler untereinander anbelangt, wurden viele wichtige Aspekte bereits erwähnt, angefangen von der Koedukation, über das gemeinsame Wohnen in den Flügeln bzw. in Zimmergemeinschaften bis hin zum Konzept der Farbentragenden und des Helfersystems. Doch aufgrund der Zentralstellung, welche der Faktor Gemeinschaft im Hahnschen Erziehungskonzept einnimmt, gilt es, dieses Verhältnis noch einmal eingehender zu beleuchten und in seinen entscheidenden Punkten noch etwas transparenter zu machen.

Auf der Linie mit Hahns Absicht, den Schülern soviel als möglich Verantwortung sowohl für sich selbst als auch für den „kleinen Staat" zu übertragen (vgl. Hahn 1986: 41), liegt es, den Schülern auch zuzumuten für sich gegenseitig Verantwortung zu übernehmen. In diesem Sinne hatten die Farbentragenden und ganz besonders der Helferkreis eine gesteigerte Form von Verantwortung den anderen, vor allem jüngeren Schülern gegenüber, zu übernehmen. Das sich daraus ergebende *Tutorensystem* bot die Chance der Einübung in eine verantwortungsvolle Führerschaft. Auch spiegelt es Hahns Absicht wieder, dass keiner Passagier, sondern jeder mit zur Mannschaft gehören sollte (vgl. Hahn 1998: 152).

Diese Mannschaft hatte allerdings ein stark *hierarchisches Gefüge*. Die Übernahme von Verantwortung war an Statussymbole (Schulanzug mit lila Streifen etc.), an zusätzliche Mitspracherechte und besonders an eine Vorbild- bzw. Kontrollfunktion geknüpft. Dies ging soweit, dass wenn etwas, „was nicht geschehen sollte, im Beisein eines Farbentragenden" geschehen ist, „logischerweise er allein bestraft" wurde (Ewald 1966: 116). Von daher brachte gegenseitige Verantwortungsübernahme den Effekt mit sich, dass die Schüler bei Klassenarbeiten nicht schummelten, auch dann nicht, wenn der Lehrer abwesend war" (Friese 2000: 98; vgl. auch Ewald 1966: 112). Hahn wollte Fremdkontrolle durch soziale Selbstkontrolle, d.h. durch Kontrolle der Schüler untereinander, ersetzen.

In diesem Zusammenhang ein vielleicht noch treffenderes Wort als Kontrolle wäre *Disziplin*, das also nicht erst bei Bueb, sondern bereits bei Hahn an zentraler Stelle Verwendung findet (vgl. Kap.III.6). Wiederholt fordert Hahn die Stärkung von Disziplin und Selbstdisziplin (vgl. Friese 2000: 75; 217; 245; 249). Sie ist bei ihm eng mit dem Begriff der Charakterstärke bzw. der Bildung eines positiven Charakters verknüpft, einem der zentralen Erziehungsziele Hahns (vgl. Hahn 1998: 132).

Was die Förderung der individuellen Selbstkontrolle, respektive der Selbstdisziplin, anbelangt, war das Mittel der Wahl der *Trainingsplan*. Dieser wurde jedem Internatsschüler, wenn auch nicht gleich bei Eintritt, so doch nach einer gewissen Zeit der Bewährung überreicht. Entsprechendes galt für den Schulanzug. Schulanzugträger und Trainingsplaninhaber zu sein, sollte als eine Auszeichnung erfahren werden. Die Rubriken des Trainingsplans lauteten zu Hahns Zeiten für Montag bis Samstag: 1x warm waschen; 2x kalt duschen; 30 Seilsprünge; Hochsprung; Laufen; Werfen; keine Zwischenmalzeit; Krankheit melden; Seilklettern; Kontobuch; Pflicht erfüllt (vgl. Ewald 1966: 111). Zusätzlich gab es den Punkt „X". Dieser Punkt ist individuell und vertraulich. Seine Bedeutung kennen nur der Trainingsplaninhaber und der Mentor, dem er anvertraut war (vgl. Hahn 1986: 61).

Es ist Hahns Prinzip des Förderns durch Fordern (vgl. Friese 2000: 284), das im Konzept der Verantwortungsübertragung seinen zentralen Ausdruck findet. „Wer viel von der Jugend fordert, der findet sie bereit" (Hahn 1998: 271). Es geht ihm darum, den Heranwachsenden ein Feld der Bewährung zu bieten. Hahn traut seinen Schülern ein starkes Rechts- und Unrechtsbewusstsein zu und wurde darin offensichtlich selten enttäuscht.[36]

Über das erlebte und gelebte Gemeinschaftsgefühl hinaus, wollte Hahn in seinen Schülern das mit Stolz und Würde verbundene Bewusstsein fördern, „ein Salemer" zu sein. Schüler und Ehemalige sollten zu Repräsentanten des „Salemer Geistes" werden. Dieses Selbstverständnis sollte in Form eines besonderen Wir-Gefühls über die reine Schulzeit hinaus fortwirken. Von daher förderte und realisierte Hahn noch in den 20-ern die Gründung des Alt-Salemer Bundes, im Rahmen dessen sich ehemalige Salemer Schüler regelmäßig zusammenfinden und austauschen konnten (vgl. Friese 2000: 103). Die Idee der Gründung von „Alt-Salemer-Häusern" an Universitä-

---

[36] Als während eines Abiturs ein Salemer Mädchen an einer Mathematikaufgabe zu scheitern drohte, fand der aufsichtführende Lehrer Erbarmen und „gab ihr einen leisen Hinweis, der ihr genügte, um nun die Aufgabe zu lösen. Sie überwand ihre Schüchternheit, schritt durch die Reihen der Jungen zum Katheder und sagte: ‚Sie haben mir entscheidend geholfen. Geben Sie bitte die gleiche Hilfe auch den anderen'" (Ewald 1966: 119).

ten ließ sich jedoch nur ansatzweise, am ehesten noch in Heidelberg, verwirklichen (Hahn 1986: 66; vgl. auch Ewald 1966: 126)

Bei allem Interesse ein positives Salemer Selbstbewusstsein zu fördern, war Hahn darum bemüht, dem Gefühl von Privilegiertheit und Überheblichkeit einzelner Schüler, sei es auf Grund von Herkunft, sei es auf Grund besonderer Leistungen, entgeentgegen zu wirken. Dies erreichte er, indem er gerade die Erfolgreichen immer wieder auch mit den eigenen Schwächen konfrontierte. Keiner sollte sich auf den eigenen Leistungen und Stärken ausruhen lernen. Auch das ist ein wichtiger Sinn des zweiten Salemer Gesetzes: „Make the children meet with triumph and defeat."

Ganz zentral, was die Entwicklung von „bundesgenössischem Handeln" anbelangt, war in den Augen Hahns der Mannschaftssport und insbesondere Hockey (vgl. Ewald 1966: 113). Dabei verlangte Hahn als oberstes Gebot ‚Fair-Play' und „trieb den Salemern persönliches Geltungsbedürfnis wie den Hang, mit roher Gewalt vorzugehen, wenn man anders keinen Erfolg hat, gründlich aus" (Ewald 1966: 114). Hahn selbst spielte als Außenstürmer in der ersten Mannschaft (vgl. Ewald 1966: 113).

Neben dem Mannschaftssport sollten erlebnispädagogisch orientierte Maßnahmen und Veranstaltungen gemeinschaftsbildend wirken: Dazu gehörten das regelmäßige Segeln und Rudern in Kuttern auf dem Bodensee „unter Leitung von zwei Marineoffizieren" sowie andere „lange und gefahrvolle Expeditionen zu Wasser und zu Lande" (Hahn 1998: 230f). Hahn wollte die Heranwachsenden immer wieder den Herausforderungen und den Gewalten der Natur ausgesetzt wissen und sie so wichtige elementare Erfahrungen und Erlebnisse sammeln sowie den Wert des Zusammenhalts einer Gruppe spüren lassen. Es liegt in der Natur der Sache, dass gerade dem Segeln hier eine herausragende Bedeutung beigemessen werden kann. Seinen eigenständigen Durchbruch als „erlebnistherapeutische" Maßnahme erlangte das Segeln in den frühen 40er-Jahren mit der Gründung der Outward Bound-Seeschule in Aberdovey (vgl. dazu Hahn 1998: 266ff).

Außer dem Segeln gab es in Salem regelmäßige und bei den Schülern beliebte Abenteuerspiele im Wald. „Sie wurden Indianer und Trapper genannt. Sie lieferten viele zerrissene Hemden und kaum versiegenden Gesprächsstoff. Solche Spiele verlangten, um interessant zu werden, noch erfindungsreicheres Zusammenspiel als

Hockey" (Ewald 1966: 114). Abenteuer-Charakter hatten auch Streiche und „Überfälle" der Schüler untereinander, die Hahn nicht nur duldete, sondern sogar förderte, vorausgesetzt, dass sie ohne Gewalt und nicht taktlos angelegt und ausgeführt wurden. Hahn selbst „exzellierte in Streichen, die er phantasievoll erdachte und wie ein Generalstäbler plante, um sie mit den Kindern zu spielen" (Ewald 1966: 115). Doch nicht alle Schüler haben gute Erinnerungen daran. So bemerkt Kupfer kritisch, dass „nächtliche Prügeleien großer Schülergruppen und ‚Streiche', die durchaus brutal sein konnten, … keineswegs verboten, sondern toleriert, im Stillen sogar begünstigt" wurden (Kupfer zit. n. Friese 2000: 321).

Was ihre Auswirkungen auf die Heranwachsenden anbelangt unumstrittener waren die regelmäßigen Theateraufführungen sowie das Krippenspiel, das in Salem alljährlich von der Schülerschaft zur Aufführung gebracht wurde. „An Aufführungen nahm Kurt Hahn lebendigen, oft leitenden Anteil. Charakteristischerweise sah er auch das Salemer Theater als eine Kraft, Spieler und Zuschauer zu formen. So wurde ganz zu Anfang die Rütli-Szene aus Wilhelm Tell [d.h. die Szene, in der sich die Eidgenossen den Bundesschwur leisten, Anm. d. Verf.] wiederholt aufgeführt und das irische Freiheitsdrama Cathleen ni Houlihan. Es zeigt die schicksalhafte Berufung der Helden, sich der Sache des Vaterlandes hinzugeben. Möglichst jedes Salemer Kind mußte diese Rollen verkörpert haben, denn die Verwandlung beim Theaterspiel, meinte er, hinterläßt bleibende Spuren" (Ewald 1966: 118). Im Laufe der Jahre kamen erst antike Tragödien, dann auch Dramen von Shakespeare zur alljährlichen Aufführung (vgl. ebd.).

Die Ausführlichkeit obiger Darstellung des Salemer Gemeinschaftslebens und die Nachzeichnung desselben an einigen konkreten Beispielen sind in der Absicht begründet, dadurch ein anschaulicheres Bild vom Internatsleben zu vermitteln. In der Hoffnung, dass dieses hinreichend gelungen ist, kann der primär deskriptive Teil dieser Untersuchung damit seinen Abschluss finden, und zum eigentlichen Vergleich übergegangen werden.

VI. Hahn und Natorp im Vergleich

Nachdem die erziehungstheoretischen Konzepte von Hahn und Natorp jeweils für sich dargelegt worden sind, gilt es diese nun miteinander ins Gespräch zu bringen und einen bilanzierenden Vergleich anzustellen. Dabei kann es nicht um eine erschöpfende Darstellung aller möglichen Vergleichspunkte gehen. Worauf es ankommt ist, die zentralen Punkte herauszuarbeiten und gegebenenfalls kritisch zu hinterfragen.

Was das pädagogische Konzept Hahns für Salem anbelangt wurden Diskrepanzen zwischen Anspruch und Wirklichkeit mehrfach angedeutet und teilweise ausgeführt (vgl. Kap.V.2.). Diesen im Detail nachzugehen würde einen verstärkt empirischen Ansatz erfordern und den Rahmen dieser Untersuchung sprengen. Da die praktische Umsetzung Natorps Entwurfs einer sozialistisch-genossenschaftlichen Gesellschaftsordnung „von unten" und seines Konzepts der Sozialeinheitsschule so gut wie ganz aussteht, kann sich ein sinnvoller Vergleich ohnehin fast nur auf der Ebene des Theorieentwurfs bewegen.

1. Parallelen und Gemeinsamkeiten

a) Das sozialpädagogische Projekt der Staatsbürgerlichen- bzw. der Volkserziehung

Seit Fichtes *Reden an die Deutsche Nation* (1807/8) tritt die Idee der Nationalerziehung als Aufgabe mehr und mehr in das pädagogische und politische Bewusstsein. Nation, Staat und Gesellschaft werden zunehmend als vom Menschen gemachte und zu verantwortende Größen verstanden. Gegenkräfte, für Fichte noch die nationale Zersplitterung der deutschen Kleinstaaten unter französischer Besatzung, für Hahn und Natorp sich verschärfende innergesellschaftliche Umbrüche und Verwerfungen im Zusammenhang mit der Ausbreitung eines kapitalistischen Wirtschaftssystems und dem Umsturz der gesellschaftlich-politischen Ordnung (Soziale Frage, Klassengegensätze, Dynamisierung der Gesellschaft, Individualisierung), galt es ins Auge zu fassen, sodann diesen auch, und nicht zu letzt, mit pädagogischen Mitteln zu begegnen.

Damit zeigt sich als ein wichtiges gemeinsames Merkmal der pädagogischen Bestrebungen beider die Reflexion des eigenen Handelns auf eine mit zu gestaltende gesamtgesellschaftliche Wirklichkeit. Das heißt, das pädagogische Schaffen sowohl Hahns als auch Natorps war immer auch politisch orientiert und motiviert. Dazu Hahn: „Vom Standpunkt der Nation ist das Wichtigste, das die Landerziehungsheime leisten, die staatsbürgerliche Erziehung" (Hahn zit. n. Pielorz 1991: 146). Dabei beziehen sich beide explizit auf Fichte als den entscheidenden geistigen Wegbereiter des Projekts der Nationalerziehung (vgl. Hahn 1986: 57 oder Hahn 1998: 136f bzw. Natorp 1908: 12f).

Die gesellschaftliche Dimension des pädagogischen Denkens und Handelns ist es, welche nach Natorps Auffassung den Übergang von der Individual- zur *Sozial*pädagogik markiert. Nach dieser Begriffsbestimmung ist auch Hahns Projekt nur akzidentiell ein schulpädagogisches, im Grunde genommen jedoch ein durchaus sozialpädagogisches.

b) Reformpädagogik als Form-Pädagogik

Auch wenn der historische Terminus ‚Reformpädagogik' als Sammelbezeichnung für höchst heterogene pädagogische Ansätze durchaus problematisch ist und als Epochenbezeichnung nicht ohne weiteres verwendet werden sollte (vgl. Oelkers 2005: 17ff), so eignet er sich doch, um ein Ensemble neuer pädagogischer Paradigmen zu bezeichnen, die in kritischer Absetzung zu der vorangegangenen, noch primär dem ‚Herbartianismus' verpflichteten Theoriebildung, in den Vordergrund getreten sind. Dazu gehört die gerade erwähnte verstärkt gesellschaftspolitische Ausrichtung von Erziehung und Bildung, aber auch die fundamentale Kritik an der *Form* des etablierten Schulunterrichts, wie sie sich sowohl bei Hahn als auch bei Natorp hat aufweisen lassen. Hauptkritikpunkte waren die primär kognitive Ausrichtung von Erziehung und Unterricht sowie die damit verbundene Konzentration auf bloße Wissensvermittlung. Die neue, reformpädagogische Forderung dagegen lautet, das abstrakte, fast ausschließlich am Medium von Sprache und Schrift orientierte Lernen abzulösen durch ein Lernen, das den ganzen Menschen anzusprechen und damit *alle* seine Fähigkeiten (und eben nicht nur seine intellektuellen) zur Entwicklung zu bringen vermag.

Im Zentrum der pädagogischen Aufgabenstellung steht damit nicht mehr die gezielte Auswahl und Vermittlung von Bildungs*inhalten*, sondern vielmehr die Reflexion *formaler* Aspekte des Erziehungs- und Bildungsprozesses. Dazu gehört vor allem die Entdeckung der Bedeutung des Erfahrens und Erlebens als zentraler Faktoren einer die ganze Person umfassenden pädagogischen Einwirkung und, damit verbunden, die Frage nach der optimalen Gestaltung des pädagogischen Umfeldes als des entscheidenden, unmittelbaren Erfahrungs- und Erlebnisraumes.

Ganz in diesem Sinne beschreiben sowohl Hahn als auch Natorp Erziehung als einen Prozess, der in der bloßen Wissensvermittlung und im ‚Frontalunterricht' nicht aufgehen darf, denn „pädagogisch fruchtbar ist nicht die pädagogische Absicht, sondern die pädagogische Begegnung" (Buber 1953: 71) und zwar mit Mensch und Natur.

Damit rückt Erziehung sehr nahe an das, was aus soziologischer Sicht als Sozialisation bezeichnet werden könnte. Dahinter steht die Erkenntnis, dass sich das, was den Menschen wesentlich zu prägen, d.h. wirklich zu bilden, vermag, im ‚gelehrten' Schulunterricht nicht vermitteln lässt. Von daher hat Hahn schon früh seinen Vorsatz gefasst, *Erzieher* zu werden, „nicht königlich preußischer Unterrichter" (vgl.Kap.III.2). Erziehung umfasst sowohl in seinem als auch in Natorps Verständnis eben mehr und anderes als Unterricht, Belehrung und Stoffvermittlung. Dazu Natorp:

> „Wir rechnen also [zur Schule, Anm. d. Verf.] jede gemeinschaftlich organisierte Pflege der Bildung in Form von Lehrüberlieferung und daran anschließender, sie unterstützender und erprobender Übung; aber auch die eigentliche Erziehung, die weder Unterricht noch überhaupt Sache einzelner, besonderer Veranstaltungen, sondern unmittelbare Wirkung des Lebens in irgendeiner Gemeinschaft solcher Art ist, die wirklich den Einzelnen zu erfassen und in die Schule der Tat zu nehmen die innere Kraft beweist" (Natorp 1920: 131).

Dabei kann Pestalozzis Einsicht, dass „das Leben bildet", als Auftakt des dargelegten Übergangs von einer ‚intentionalen' zu einer ‚funktionalen' Auffassung von Erziehung und Bildung angesehen werden. Bereits bei Pestalozzi zeigt sich diese Einsicht als ein Ergebnis der Entdeckung der Bedeutung der formalen Seite von Erziehung und Bildung. Bereits er erkennt den Menschen wesentlich auch als „Werk seines Geschlechts", d.h. der Gesellschaft (vgl. Pestalozzi 1797).

c) Charaktererziehung, Gesinnungs- und Willensbildung

Der eben explizierte, umfassende und an den Begriff der Sozialisation grenzende Erziehungsbegriff entspricht dem umfassenden Ziel, das sich Hahn und Natorp gesetzt haben. In individual-pädagogischer Hinsicht lautet dieses bei beiden in etwa: Erziehung des Charakters durch die Bildung des Willens.

Immer wieder betont Hahn als das oberste Ziel der Pädagogik den „sittlichen Menschen" (vgl. Kap.V.4), der sich seiner sozialen Verantwortung bewusst ist. Auch für Natorp steht die menschliche Sittlichkeit und Tugendhaftigkeit, bei ihm ausgedrückt als „soziale Gesinnung", im Zentrum des pädagogischen Auftrags. Pädagogik hat in diesem Sinne den Menschen nicht nur zum Guten *fähig* zu machen. Das Ziel ist bei beiden wesentlich umfassender gesteckt. Es geht um den sittlichen bzw. sozial (gerecht) gesinnten Menschen, mit andern Worten um den „Guten Willen" selbst „- und zwar in Freiheit" (vgl. Treptow 1998: 155f).

d) Rolle der Gemeinschaft und die Dimension des Sozialen

Von daher lässt sich die zentrale Bedeutung des Elements der Gemeinschaft in beiden Konzepten verstehen: Wenn der Pädagogik ein essentieller Beitrag zur Bildung von sozialer Verantwortung (Hahn) bzw. sozialer Gesinnung (Natorp) zugetraut wird, liegt es auf der Hand, dass bereits im Erziehungsprozess selbst dem Faktor des Sozialen zentrale Bedeutung zugemessen wird. Wenn auch der Weg nicht unbedingt schon das Ziel ist, so muss er doch wenigstens einen inneren Bezug zu jenem aufweisen. Musiker wird man nicht dadurch, dass man Noten lesen lernt, oder – um es mit einem Satz Kerschensteiners auszudrücken: „Die Schule kann keine Vorbereitung für das soziale Leben sein, ausgenommen sie bringt in ihren eigenen Traditionen die typischen Bedingungen des sozialen Lebens" (Kerschensteiner 1910: 49). Tatsächlich ist eines, wenn nicht das wesentliche Medium von Erziehung und Bildung sowohl für Natorp als auch für Hahn die Dimension des Sozialen, – bei beiden konkretisiert im Terminus der *Gemeinschaft*.

Was Hahn betrifft, wird dies schon dadurch deutlich, dass er sein pädagogisches Konzept für Salem am Modell des *Landerziehungsheims* als Form einer *Lebensgemeinschaftsschule* orientiert (vgl. Hahn 1998: 124ff). Es ist Hahns großes Anliegen in und mit Salem den Heranwachsenden ein Umfeld zu bieten, in welchem positive

Gemeinschaftserfahrungen gemacht werden können, denn „alle diese Eigenschaften, moralischer Mut, selbstloses Wohlwollen und Verantwortlichkeitsbewußtsein als Kardinaltugenden des Staatsbürgers wachsen nur auf dem Boden eines gemeinsamen sozialen Lebens" (Kerschensteiner zit. n. Hahn 1998: 131). Was deren Ausbildung und Festigung anbelangt beruft sich Hahn auf die Einsicht von William James, dass Tugenden ein Betätigungsfeld finden müssen, wenn sie dauerhaft erworben werden sollen (vgl. Hahn 1998: 44). Dieses aber ist ganz wesentlich das Feld des Sozialen.

Im Hinblick auf Natorp bleibt festzuhalten, dass das Bild des Menschen als eines sozialen Wesens Dreh- und Angelpunkt seines gesamten philosophischen und pädagogischen Schaffens ist. Das Individuum ist für ihn ohne Bezug zur Gemeinschaft nicht fassbar und die Gemeinschaft nicht ohne Bezug zum Individuum (*,korrelativistischer Monismus*'). Die Quintessenz dieser grundlegenden Überzeugung manifestiert sich bereits in Natorps *Sozialpädagogik*: „Der Mensch wird zum Menschen allein durch menschliche Gemeinschaft" (Natorp 1899: 84).

e) Erfahrung und Erlebnis

Wenn die erzieherische Aufgabe wesentlich als Charakter- und Gesinnungsbildung, und zwar im Element der Gemeinschaft, konzipiert wird, dann liegt es nahe, dass als Trägersubstanz der erzieherischen Wirkung das gesprochene Wort und der geschriebene Buchstabe nicht mehr als hinreichend erachtet werden, denn die Bildung des Charakters und der Gesinnung wird durch die Vermittlung von Wissen und die Schulung des Denkens allein nicht erreicht.

Nach Natorp ist Gerechtigkeit die Grundtugend der Gemeinschaft und „wenn die Gemeinschaft erziehen soll, dann muß die Erfahrung von Gerechtigkeit gemacht werden, die sich in freier Gestaltung ergebe" (zit. n. Treptow 1998: 162). Das unterrichtsmäßige und mittelbare Lernen ist daher zu ersetzen, mindestens aber zu ergänzen durch unmittelbare Anschauung, d.h. durch eigenes, freies Erleben und Erfahren. Eine entsprechende Wertschätzung dieser beiden Wirkfaktoren (Erleben und Erfahren) ist in der Darstellung sowohl Natorps Entwurf der Sozialeinheitsschule als auch Hahns Konzept der Internatsschulerziehung bereits herausgearbeitet und ausgeführt worden (vgl. Kap IV.4.a und Kap V.7.e).

f) Modell der Werkschule und Projektarbeit

Was die pädagogische Umsetzung der Idee der Erziehung durch Erfahrung und Erlebnis anbelangt, orientieren sich sowohl Hahn als auch Natorp klar und ausdrücklich an Kerschensteiners Konzept der *Werkschule* (vgl. Natorp 1920: 155; Hahn 1998:131). Zentral für den Aufbau des Schulunterrichts steht für Natorp die Forderung, daß „Körperbildung […] und Handarbeit durch alle Stufen hindurchgehen muß" (Natorp 1920: 154). Nach Natorp liegt in der gemeinsamen (Projekt-)Arbeit ein wesentliches Moment, was die Bildung sozialer Gesinnung und des Zusammenhalts der Gemeinschaft anbelangt, denn „das bloße Zusammensitzen auf derselben Schulbank verbrüdert nicht, nur die Unmittelbarkeit des Mit- und Füreinanderarbeitens verbrüdert" (Natorp 1920: 145). Parallel dazu findet in Hahns Konzept die Anerkennung des Wertes der Hand- und Projektarbeit ihren wohl deutlichsten Niederschlag in der vorgestellten Salemer Einrichtung der Innungen. In ihnen sah Hahn ein wichtiges Korrektiv zum ‚normalen' Schulunterricht. *Projektarbeit* bildet einen der vier Grundpfeiler der Erlebnistherapie (vgl. Kap.V.7.d).

g) Vereinigung von Denk- und Tatkraft bzw. Geist und Arbeit

Hinter der Ausrichtung am Konzept der Werkschule steht sowohl bei Hahn als auch bei Natorp die Forderung, „Denken und Handeln" bzw. „Geist und Arbeit" wieder zusammenzubringen. Im Auseinanderdriften dieser beiden grundlegenden menschlichen Vermögen sehen beide eine wesentliche Ursache für den gesellschaftlichen Verfall: „Arbeit und Geist, Geist und Arbeit, die beiden müssen sich finden, anders ist kein Heil" (Natorp 1920: 61). Mit Hahn lässt sich diese These überzeugend stützen, wenn er 1924/25 in einem Salemer Schulprospekt schreibt: „Deutschland ist daran zu Grunde gegangen, daß die Welt des Handelns und die Welt des Denkens zwei getrennte feindliche Lager waren: wer denken konnte, konnte nicht handeln, wer handeln konnte, vermochte meist nicht zu denken" (Hahn zit. n. Pielorz 1991: 210).

Entscheidende Voraussetzung für die Vereinigung von Geist und Arbeit bleibt für Natorp das selbstbestimmte Verhältnis des Menschen zu seiner Arbeit. Es geht darum, Arbeit als selbsttätiges Schaffen wieder als einen Wert für den Menschen begreifen zu lernen und nicht umgekehrt, denn „daß man sei, ist, worauf es ankommt, man ist aber nicht, wenn man bloß Instrument einer Arbeit ist" (Natorp 1920: 51). Von daher fordert Natorp, was den strukturellen Aufbau der Schulorganisation betrifft, dass „stärkste Selbstbeteiligung des Lernenden [...] von der untersten Stufe bis zur letzten ihr Grundsatz sei" (Natorp 1920: 156).

Hahn setzt den Fokus, was die Vereinigung der „Welt des Handelns und der Welt des Denkens" (Hahn 1986: 56) anbelangt, weniger auf Selbstbestimmung, sondern mehr auf die gleichgewichtige Entfaltung der beiden entsprechenden individuellen Vermögen:

> „Make use of the tragic lesson of the War. See to it that the world of action and the world of thought are not longer divided hostile camps. Build up the imagination of the boy decision and the will-power of the dreamer so that in future wise men will have the nerve to lead the way they have shown, and men of action will have the vision to imagine the consequence of their decisions" (Hahn zit. n. Pielorz 1991: 146).

Auch hier kann als gemeinsamer Referenzpunkt auf Pestalozzi und dessen Forderung nach harmonischer Bildung von Kopf, Herz und Hand verwiesen werden. Philosophisch reflektiert und begrifflich trennscharf gefasst spricht Natorp in diesem Zusammenhang von dem intellektuellen (d.h. theoretischen), dem sittlichen (d.h. praktischen) und dem ästhetischen (d.h. schöpferischen) Vermögen. In der harmonischen Entfaltung dieser drei menschlichen Grundvermögen sieht er die Bestimmung humaner Bildung (vgl. Natorp 1894: 1).

Im *Sozialidealismus* steht dann die Erkenntnis im Mittelpunkt, dass das schöpferische Vermögen, die Freisetzung der *Schöpferkraft*, als dem Prinzip der Welt des Handelns und der Welt des Denkens das äußerste Ziel der menschlichen Bildung ist:

> „Kopf, Herz und Hand; Kopf und Hand als die Arbeiter, die nur auszuführen haben, was das Herz, was das Höchsttätige im Menschen, was die Schöpferin Idee, was der Genius erschaut und vorzeichnend entwirft, nein innerlich erzeugt und als Musterbild vollendet hinstellt. Dem hat dann der rechnende Verstand, der vollführende Wille nur nachzuarbeiten und ein Gleichnis seiner hervorzubringen, an dem es Halt und Bestand gewinne, nicht des Gleichnisses, sondern des Urbildes, der Erhaltung der inneren Urschöpfung wegen, auf die allein es zuletzt ankommt" (Natorp 1920: 63).

Damit nun deutet sich in diesem Punkt eine erste, wichtige Verschiebung zwischen Hahn und Natorp an, denn bei Hahn ist eine besondere Betonung des Schöpferischen, was die Bestimmung der harmonisch zu entwickelnden menschlichen Grundvermögen anbelangt, so nicht zu entdecken. Doch bevor wir uns der Explikation der Differenzen zuwenden können, gilt es zunächst noch einige weitere wichtige Gemeinsamkeiten in den Blick zu nehmen.

h) Zur Idee des Dienens

Bei Hahn kommt die Wertschätzung der Idee des *Dienens* im Salemer „Helfer-System" und noch expliziter im Konzept der „Dienste" zum Ausdruck, welches, sowohl in der Internatsschulerziehung als auch in der Erlebnistherapie eine tragende Rolle übernimmt (vgl. Kap.V.7.c und d). Mit dem Ruf, „bildet Soldaten aus, die auch den Frieden lieben" (Hahn 1986: 57), zementiert Hahn seine Stoßrichtung. Zusammen mit seiner Forderung, die Heranwachsenden zum Dienst in gemeinnützigen Hilfs- uns Rettungsorganisationen heranzuführen, stellt er damit geradezu das Modell des modernen Zivildienstes vor.

Allerdings setzt sich bei Hahn dieses Konzept erst ab Mitte der 30er und vollends nach dem Zweiten Weltkrieg durch, während Natorp bereits Anfang der 20er erschüttert durch die Erfahrungen des Ersten Weltkrieges zu einer ganz ähnlichen Ansicht kommt. „Statt des früheren Waffendienstes" fordert er eine „allgemeine Arbeitspflicht, mindestens in der Form einer festgesetzten Dienstzeit […], in jedem Fall für einige Jugendjahre" (Natorp 1920: 106). Auch wenn Natorp mit dieser Forderung primär darauf abzielt, bei einer Erziehung zur Arbeit „das Gewicht auf den unmittelbaren Anschauungsgrund der Arbeit zu legen" (ebd.), so zeigen doch seine Ausführungen an anderer Stelle, dass auch bei ihm die Idee des Dienens eine elementare und eigenständige Wertschätzung erfährt.

> „Aber jede Kraft, gering oder groß, jede Art der Begabung, schlicht oder reich, jede Fähigkeit, sei es zum Führen oder Folgen, alles ist Dienst, keins darf den Herren spielen und den andern zum Knecht machen. Alles hat zu dienen – dem gemeinsamen Werk. Dies aber ist – nicht die hervorzubringende Sache und daraus zu schöpfende Genießung, sondern der Aufbau der Menschheit in jedem Menschen" (Natorp 1920: 56).

In dem gemeinsamen Bewusstsein dem selben Werk zu dienen, liegt für Natorp die wohl wesentlichste Voraussetzung der Bildung von sozialer Gesinnung und menschlicher Gemeinschaft; zumal in einer hoch modernisierten, d.h. funktional stark ausdifferenzierten und pluralisierten, Gesellschaft.

Im Vergleich dazu zeigt sich die Funktion des Dienens bei Hahn als viel individualisierter gedacht: Dienst, bei Hahn eng verknüpft mit dem Gedanken der Rettung, soll die Entwicklung von Willensstärke und individueller Sittlichkeit befördern. Erinnert sei an das Erwin-Zitat aus Hahns Jugendroman.[37] Es geht Hahn mit der Idee des Dienens also primär um die Vervollkommnung des Einzelnen und nur sekundär, d.h. indirekt, um die Vervollkommnung der Gemeinschaft. Womit ein weiterer, entscheidender Differenzpunkt angedeutet wäre, auf welchen ebenfalls noch zurück zu kommen sein wird (vgl. Kap.VI.2.a).

i) Körperbildung: Leichtathletik, Gymnastik und rechtes Atmen

Im Zusammenhang mit Hahns Konzept der Erlebnistherapie zeigt sich eine weitere Parallele und zwar, was die Wertschätzung des körperlichen Trainings bzw. der Körperbildung anbelangt. Einer solchen bei Hahn zu begegnen überrascht kaum. So ist in der von der Tradition der englischen *public schools* beeinflussten Salemer Internatserziehung der Einzel- und Mannschaftssport von Anfang an ein ganz unhinterfragtes und zentrales Moment im schulischen Alltag (Morgenlauf, Trainingspausen, Trainingsplan etc.). Er gehörte derart selbstverständlich zum Tagesablauf, dass Hahn sich sogar dazu angehalten sah, dessen übermäßige Ausübung im sechsten Salemer Gesetz einzuschränken (vgl. Kap.V.7.a), denn bei aller Wertschätzung derselben bleibt Hahn darauf bedacht, die sportliche Betätigung nicht zum Selbstzweck werden zu lassen (vgl. Hahn 1998: 153). Ihren großen Wert erkennt Hahn darin, dass sie das „Licht der Freude aus den Kinderaugen leuchten" lässt und die jugendliche „Vitalität erfrischt" (vgl. Hahn 1998: 135). Dementsprechend zeigt sich körperliches Training in Form von Leichtathletik auch als eine der vier Stützen der Erlebnistherapie.

Dass wir hingegen bei Natorp von Wert und Bedeutung der Körperbildung lesen, mag schon eher überraschen. Immerhin war Natorp geisteswissenschaftlicher Akademiker, Professor für Philosophie zumal. Nichtsdestotrotz finden sich im *Sozialidealismus* wiederholt und explizit Passagen, welche auf die fundamentale Bedeutung der Körperbildung aufmerksam machen:

---

[37] „Lieber Gott, laß morgen einen ins Wasser fallen und mich dabei sein, damit ich ihn retten kann" (Hahn 1998: 19).

> „Eine rechte ‚Gymnastik' und ‚Musik' müßte nichts geringeres als dies zum Ziele haben [nämlich „die Rhythmisierung und damit Individualisierung und Rückführung zur Spontaneität", Anm. d. Verf.], und darum die Grundlage aller Bildung sein. […] Unsere Schulen freilich schmücken sich mit dem klassischen Titel des Gymnasiums und verfehlen nichts so sehr wie die Gymnastik, sie lehren nicht so viel wie recht Atmen und Gehen. Sie wollen Museen sein und haben alle neuen Musen verbannt. Daß sie Lebensrhythmus ausbilden, ich glaube, sie selbst werden es nicht zu behaupten wagen; die Lehrbücher der Didaktik wissen immer nur von Unterricht und Erziehung zu sagen; und wie auch deren Sinn sich dabei verkehrt, wurde schon gesagt" (Natorp 1920: 219).

An anderer Stelle heißt es dazu: „Der ist kein voller Mensch, dessen Geistigkeit nicht in gesunder Sinnlichkeit wurzelt, die Sinnlichkeit aber kann nur gesund bleiben in der unmittelbaren Arbeit am Natürlichen, das den allein unmittelbaren Gegenstand der Sinne ausmacht. Man will uns griechisch bilden. Nun, die griechische Bildung war zu allererst gesunde Körperbildung (Gymnastik), sodann ‚Musik', die auch dem Sinnlichen sich nicht entfremdete" (Natorp 1920: 147).

j) Expedition und Natur

Unter „Arbeit am Natürlichen" fällt nicht nur die Körperbildung, sondern auch die unmittelbare Auseinandersetzung und der direkte Kontakt mit der Natur. Wie wir bereits gehört haben: „Das Leben bildet" und „grau, teurer Freund, ist alle Theorie, und grün des Lebens goldner Baum" (vgl. Kap.V.7.e). Nichts aber ist grüner als die weite und offene Natur.

In Hahns erlebnistherapeutischem Konzept der Expedition ist der Kontakt mit der Natur und ihren Mächten, mit „Wind und Wetter" (Hahn 1986: 103) das zentrale Bildungselement. „Die Expeditionen zu Wasser und zu Lande sollten Voraussicht in der Planung und Sorgsamkeit, Umsicht, Entschlußkraft und Zähigkeit in der Durchführung" fördern (Hahn 1998: 302), – dieses auch und gerade gegen äußere Strapazen und widrige Verhältnisse. Im Salemer Internatsleben war das Konzept der Expedition spätestens seit der erwähnten ‚Finnland-Tour' im Jahr 1925 vorgeprägt (vgl. Kap.V.7.d). Es folgten weitere, ähnlich angelegte Fahrten. Auch Abenteuerspiele in Feld und Wald gehörten zum festen Bestandteil der Internatserziehung; nicht anders als das Segeln auf dem Bodensee, Bergtouren und ähnliches mehr.

Das, was bei Hahn im Wesentlichen unter dem Titel der *Expedition* vertreten ist, nämlich der Kontakt mit der Natur, zeigt sich in Natorps *Sozialidealismus* kongenial verankert. Natorp fordert als Ergänzung einer „zurechtgemachten Ersatzwelt: Schulgarten, Schulwerkstatt, Sammlung, Abbildung, geschweige wörtlicher Beschreibung [...]" die pädagogische Wiederentdeckung der „in einem natürlichen Kommunismus allen zum Tummelplatz gewiesenen Erde" als dem am besten geeigneten und primären Anschauungs- und Erfahrungsfeld für die Heranwachsenden:

> „Also statt des Schulgartens, der Schulwerkstatt stelle man den werdenden Menschen – vielmehr man lasse ihn nur ungestört in dem weiten Garten, der allzeit offenen Werkstatt der ganzen Umwelt [...]: daß Feld und Wald, Berg und Fluß, die Erde und die Himmelswölbung darüber, mit allem Licht, Schall, Duft und Schmack, mit all den unnennbaren Sinnerregungen und Gefühlsstürmen, die es in uns weckt, und Vieh und Vogel und alles wimmelnde Getier und Gewächs, unsere Lehrmeister werden, daß nicht wir mit Sankt Franziskus den Fischen predigen, sondern sie uns predigen lassen sollen" (Natorp 1920: 116).

Anders als für Hahn liegt für Natorp die pädagogische Bedeutung des Kontaktes mit der Natur offensichtlich weniger darin begründet, dass er die Willens- und Entschlusskraft zu stärken vermag, sondern vorrangig darin, dass er die unmittelbare, umfassende und primäre *Anschauungsgrundlage* aller weiteren Erziehung und Bildung bereit zu stellen vermag.

Ohne den Anspruch, mit obiger Darstellung alle Gemeinsamkeiten und Parallelen abgehandelt zu haben, doch in der Hoffnung, die wesentlichsten benannt und ausgeführt zu haben, steht nun die Aufgabe an, die entscheidenden Differenzen der beiden erziehungstheoretischen Konzepte in den Blick zu nehmen.

2. *Verschiebungen und Unterschiede*

a) Zum pädagogischen Ansatzpunkt

Es hat sich gezeigt: sowohl Hahn als auch Natorp geht es wesentlich um einen Wandel von Politik und Gesellschaft (vgl. Kap.VI.1.a). Wie dieser ins Werk zu setzen sei, in dieser Frage allerdings gehen sie auseinander. Hahn strebt ihn über die Erziehung zukünftiger Führungspersönlichkeiten an. Damit zeigt sich als Ansatzpunkt seines Reformprogramms ganz klar das Individuum, genauer: das heranwachsende Individuum. Den gegebenen gesellschaftlichen Zustand hält Hahn zwar für kritikwürdig, doch weder analysiert er die Ursachen der „sozialen Seuchen" (Hahn 1998: 281) eingehender, noch setzt er sich für deren unmittelbare und konkrete Beseitigung ein, denn „[...] darin gehen wir auseinander", so Hahn in einem Brief an den Hamburger

Bankier Max Warburg, „Sie glauben, daß der heute erwachsene Deutsche noch zu retten ist. Ich glaube, wir müssen bei den Kindern anfangen", denn, so Hahn William James zitierend, „die Seelen von Menschen, die über 30 Jahre alt sind, werden hart wie Gips'" (Hahn 1998: 108). Hahn fokussiert im Kontext seiner gesellschaftlichen Reformbestrebungen demnach ganz deutlich auf die Erziehung des Individuums; und zwar nicht auf die des erwachsenen, sondern des heranwachsenden. Sein Rückzug aus der Politik ist also konsequent. Die politische Aktion gedenkt er seinen Schulabgängern zu überlassen, die er demgemäß zu verantwortungsvollen und bundesgenossenschaftlich gesinnten Führungspersönlichkeiten auszubilden bestrebt ist.

Ganz anders Natorp. Zwar ist auch er kein Politiker, doch ist er sich der unmittelbaren politischen Verantwortung seines Wirkens als Wissenschaftler und Sozialpädagoge stets bewusst. Er denkt und analysiert die Gesellschaft sozialwissenschaftlich fundiert und detailliert. Auch versucht er auf die gesellschaftspolitische Entwicklung direkten und strukturellen Einfluss zu nehmen. Dabei hält er daran fest: Reform, die nicht jetzt beginnt, beginnt nie. Veränderung muss immer auch unmittelbare Veränderung sein und den Umbau der sozialen Verhältnisse beinhalten. Freilich setzt auch Natorp an der Erziehung des Individuums an, doch immer klar im Kontext und eingedenk der Wechselwirkung mit den gegenwärtigen kulturellen, politischen und wirtschaftlichen Verhältnissen und nie mit ausschließlichem Blick auf die Heranwachsenden. So engagiert sich Natorp neben dem Projekt der Sozialeinheitsschule zeitlebens für die Reform der familiären Erziehung sowie für den Ausbau der Erwachsenenbildung.

Bei Hahn heißt es: um die Verhältnisse zu verändern, gilt es zuvor die (heranwachsenden) Menschen zu erziehen, und zwar so, dass sie dazu fähig werden, eine Veränderungen zum Besseren ins Werk zu setzen; bei Natorp hingegen: die Verhältnisse bilden die Menschen und umgekehrt, d.h. eine Veränderung hat immer *beide* ins Auge zu fassen. Dabei kann der angestrebte gesellschaftliche Wandel nach Natorp nicht, wie Hahn das meint, von wenigen guten ausgehen, sondern nur vom „breitesten Boden der Allheit" (Natorp 1920: 17). Weiter steht für Natorp fest: wenn der Wandel nicht jetzt, d.h. konkret und unmittelbar, beginnt, beginnt er nie. Entsprechend ist das erste, was Natorp im *Sozialidealismus* fordert, die Einrichtung einer räteorganisatorisch verfassten, autonomen politischen Instanz, des „Zentralrats der Geistigen Arbeit", von welchem dann unter Beteiligung möglichst aller Glieder der Gesellschaft die weitere, politische, wirtschaftliche und kulturelle Neustrukturierung ihren Ausgang nehmen kann (vgl. Kap.IV.2).

Damit erklärt sich dann auch die bereits angedeutete, unterschiedliche Ausrichtung, was die Bedeutung des Dienens und Helfens anbelangt. Hahn sieht darin, entsprechend seines pädagogischen Ansatzpunktes, in erster Linie ein Mittel der Entwicklung des sittlichen Charakters des Individuums. Bei Natorp hingegen hat die Idee des Dienens unmittelbare Bedeutung, nämlich als konstituierendes Moment der Gemeinschaft selbst. Demnach findet eine arbeitsteilig und als solche in gewissem Sinne immer auch hierarchisch strukturierte Gesellschaft ihren inneren Zusammenhalt wesentlich in dem gemeinsamen Bewusstsein, dem selben Werk zu dienen; – dieses ist: „der Aufbau der Menschheit in jedem Menschen" (Natorp 1920: 56).

b) Die Verortung des Feldes der Erziehung im gesamtgesellschaftlichen Zusammenhang

Die eben dargestellte Differenz im Ansatzpunkt zieht es nach sich, dass Hahn das Feld der Erziehung mehr oder weniger außerhalb der als defizitär und als reformbedürftig erkannten Gesellschaft verortet, während Natorp Erziehung und Bildung viel unmittelbarer in der Gesellschaft selbst verortet wissen will.

Primär auf das heranwachsende Individuum blickend hält es Hahn für geboten, die schulische Erziehung der gesellschaftlichen Wirklichkeit gegenüber möglichst isoliert zu halten. In diesem Sinne ruft er das „Zeitalter der Burgen" (Hahn 1998: 108) aus. Er möchte den Heranwachsenden in der Internatsgemeinschaft einen Schutzraum vor der „gegenwärtigen Wirklichkeit" bieten, welche „die modernen Ritter, die tatenfrohen Denker, die sie am allermeisten braucht" (Hahn 1998: 108) nicht erziehen könne. Das heißt, dass Hahn die gegebenen Verhältnisse zwar in vielerlei Hinsicht für unzulänglich hält, er diese als solche aber zumindest nicht direkt zu reformieren sucht, sondern sich mit ihnen soweit arrangiert, daß er diese gesamtgesellschaftlich hinnimmt, sie nur in seinem „Staat im Kleinen" nicht reproduzieren möchte. Hat die Gesellschaft nur „schlechtes Weideland" zu bieten, so ist die dem Pädagogen gestellte Aufgabe, im Kleinen „gutes Weideland" für die Heranwachsenden bereit zu stellen (vgl. Kap.V.5). Doch dieses Konzept der Landerziehungsheime (und speziell

Salems) als ‚Pädagogische Provinz' blieb nicht unumstritten: „Da war man sich zwar bewusst, daß zur Gemeinschaft nur in der Gemeinschaft erzogen werden könne; aber man gab sich der Täuschung hin, zur politischen Gemeinschaft von morgen nur außerhalb der politischen Gemeinschaft von heute erziehen zu können. So lebte man gerade in den lebendigsten Heimschulen wie auf einer heiligen Insel" (Oettinger zit. n. Pielorz 1991: 136).

Ganz ähnlich hätte sich wohl auch Natorp gegen den Versuch gewandt, das Feld der schulischen Erziehung der gesellschaftlichen Wirklichkeit gegenüber derart isoliert zu betrachten und gewissermaßen vorlagern zu wollen. Natorp ging es nicht um eine (abgeschlossene) *Internats*gemeinschaft, sondern um eine offene Arbeits- und Erziehungsgemeinschaft, die im gesellschaftlichen Miteinander von Anfang an verankert sein sollte. Vor allem ging es ihm nicht wie Hahn um ein gesundes ‚Ersatz-Weideland' im Kleinen, sondern – um im Bild zu bleiben – um die Gesundung des gesamtgesellschaftlichen Weidelandes, d.h. um Genossenschaft und Sozialismus in Wirtschaft, Politik und Kultur (d.h. Bildung).

Zwar würde auch Natorp die herrschenden Verhältnisse, was Bildung und Erziehung anbelangt, als „schlechtes Weideland" beschrieben haben, doch konzipierte er Schule daraufhin eben nicht als einen abgegrenzten, ‚heilen' Bezirk, sondern setzte an der Veränderung der schlechten Verhältnisse selbst an. Für Natorp kann es nur *ein* Weideland geben, denn

> „alle auf Bildung gerichtete Tätigkeit schafft nicht bloß eine eigene Gemeinschaft […], sondern fügt sich zugleich notwendig in die weitere Gemeinschaft sei es der Familie, der Gemeinde oder des Staates ein, empfängt von ihr ihre prägende Gestalt, und hilft dafür ihrerseits mit sie bilden, erneuen und vertiefen" (vgl. Natorp 1894: 1f).

Tatsächlich war es so, dass Hahn selbst ab den 30er-Jahren in diesem Punkt zu einem Umdenken gekommen ist. Er hat erkannt „daß die Landerziehungsheime zwar außerordentliches für den Einzelnen, aber nicht genug für das Volk geleistet haben" (Hahn 1998: 273). Das heißt, dass auch er der Vernetzung der Internatsgemeinschaft mit der sozialen Umgebung zunehmend größere Bedeutung beigemessen hat. Sich auf Platon berufend stellt Hahn 1933 in einem Schreiben an Eltern und Freunde die Forderung auf: „Wir müssen Fenster in die Mauern der Schule schlagen, um die Wirklichkeit hereinzulassen" (Hahn 1998: 203). Rückblickend auf die 20er-Jahre und die ursprüngliche Konzeption Salems geht Hahn 1966 sogar soweit zuzugestehen: „Mir selber überlassen, hätte ich ein Internat nach englischem Muster aufgebaut. Die Isolierung, die in Wirklichkeit ein Fluch ist, erschien mir damals noch als Segen" (zit. n. Pielorz 1991: 135).

Konkret zeigt sich Hahns Wandlung in der Ausweitung des Konzeptes der Dienste ins soziale Umfeld des Internates, in seinem erwachten Interesse am Aufbau von Tagesschulen in Stadtrandgebieten (vgl. Hahn 1998: 304) und in der Entwicklung und konsequenten Umsetzung der Kurzschul-Idee (vgl. Hahn 1998: 273ff).

c) Zum Verhältnis von privater und öffentlicher Erziehung

Natorp wäre nach dem oben gesagten nun aber nicht so weit gegangen, die Internatserziehung grundsätzlich abzulehnen; etwa nach der bekannten Devise Adornos, dass es „kein richtiges Leben im falschen" gäbe.[38] Als Laborschulen konnte Natorp solchen und ähnlichen Schulprojekten durchaus etwas abgewinnen. So habe die Privatschule „gerade wenn es gilt, tiefgreifende Reformen durchzuführen, als Pionier- und Experimentierschule eine unersetzliche Bedeutung" (Natorp 1920: 162). Besonders im Hinblick auf die gegenwärtige „schwierige Übergangszeit" misst Natorp also auch der Privatschule eine wichtige Aufgabe zu.

> Deshalb „sollte die Regierung sie, im Sinne der Probeanstalt, geradezu befördern, aber zugleich ihr genaue Grenzen setzen. Sie muß verlangen, dass sie wenigstens die gleichen Ziele erreiche, die der öffentlichen Schule gesteckt sind; nur, wie sie sie erreicht, darin muß ihr Freiheit gelassen werden" (Natorp 1920: 162).

Daraus wird ersichtlich: für Natorp ist die Privat- und Internatsschule als Übergangslösung akzeptabel, nicht jedoch grundsätzlich begrüßenswert. Die Schule aufs Ganze gesehen müsse primär eine öffentliche Aufgabe bleiben. Nicht dass überhaupt die Öffentlichkeit sich der Schule annimmt ist das Problem, sondern „der Fehler liegt einzig in dem, was allgemein das gerechte Misstrauen gegen den Staat hervorgerufen hat, dem einseitigen Übergewicht der zwingenden Zentralgewalt über die freie Selbstverwaltung" (Natorp 1920: 123).

---

[38] Theodor W. Adorno. Minima Moralia. 1951.

Hahn hingegen Misstraut der öffentlichen Erziehung viel grundsätzlicher, wohingegen er in der privat organisierten Internatserziehung das Modellprojekt *par excellence* sieht. Dass die Privatschule für ihn die grundsätzlich bessere Alternative ist, zeigt sich, wenn er die Verantwortlichen der Landerziehungsheime davor warnt, sich in die Abhängigkeit des Staates zu begeben, sonst, so Hahn, „laufen wir Gefahr, daß die schöpferische Initiative der freien Erzieher gelähmt wird" (Hahn 1998: 146). Entsprechend charakterisiert Hahn die Privatschule nirgendwo als bloße Übergangslösung. Zumindest als permanente Ergänzung zum staatlichen Schulsystem hält er sie für unersetzlich, weil, wie er sagt, gerade die staatliche Unabhängigkeit entscheidend dazu beiträgt, die „schöpferische Initiative" der Erzieher zu sichern. Bei seiner Einstellung wäre es eigentlich nur konsequent, die komplette Substitution des staatlichen Bildungssystems durch privat organisierte Erziehung zu fordern. Ein solches Statement Hahns ist mir allerdings nicht bekannt. Wahrscheinlich war er zu realistisch eingestellt, um eine tragfähige Lösung der sich daraus ergebenden Finanzierungsproblematik sehen zu können.

d) Zur Bewertung der Familie

Hahn und Natorp erachten, wie den Zustand der Gesellschaft, so auch den der Familie als defizitär: Die unmittelbare Erziehung des Hauses „[…] ist ja heute in weitem Umfange unterwühlt, ja völlig verwüstet, nicht in den unteren Schichten allein, sondern in allen" (Natorp 1920: 142). Für Hahn ergibt sich aus dem allgemeinen Verfallszustand der Familie die Forderung, die Kinder aus dem Elternhaus bald möglichst heraus zu lösen: „natürlich nicht von Geburt an; aber in den entscheidenden Entwicklungsjahren soll eine räumliche Trennung verhindern, daß der Richtung gebende Einfluß vom Elternhause ausgehen muß" (Hahn 1998: 43f).

Natorp hingegen sieht auch in diesem Punkt die Problematik von der strukturellen Seite und versucht auch von daher eine Lösung zu entwickeln. So geht es ihm ganz zentral darum, die gesellschaftlichen Strukturen so zu verändern, dass sich ein ‚intaktes' Familienleben wieder aus sich selbst heraus bilden kann, und so die Familie ihre durch nichts zu ersetzende Funktion für die kindliche Entwicklung wieder angemessen übernehmen kann:

> „Hat also der Kapitalismus die Familie zerstört, so wird er sie neu gründen müssen, oder er versteht sein eigenes Prinzip nicht. Wie sie zu begründen sei, das ist

von allen schweren Fragen heute wohl die schwerste. Wir haben versucht die Antwort zu geben: Entlastung der großen Städte, Neubesiedelung des flachen Landes in Form der Genossenschaft, Abbau aller nicht unwidersprechlich lebensfördernden Industrieen, Verlegung aller lebensnotwendigen aufs Land oder an die Peripherie der Stadt, Einbau der Erziehungsorganisationen in die genossenschaftlich geordneten Wirtschaftsbetriebe [...]. Entbehrlich machen kann das weder die Sonderschule bisherigen Zuschnitts noch das (ländliche oder städtische) Erziehungsheim; sondern es kann dafür höchstens zum einstweiligen Ersatz dienen, der von Anfang an darauf gerichtet sein muß, den gesunden Zustand wiederherzustellen, der dann die Not selbst und mit ihr die Nothilfe beseitigen wird. Man kann auch im Treibhaus Pflanzen züchten, aber zum freien bodenständigen Wachstum braucht es den Acker" (Natorp 1920: 144).

Die Familie ist also für Natorp die Grundlage der Erziehung, der sozialen zumal. Dies ist bemerkenswert, wenn man bedenkt, dass – von Platon her kommend – der klassische Ansatz sozialistisch-genossenschaftlicher Erziehung ein solcher ist, der die Heranwachsenden so früh als möglich der familiären Bindungen zu entwöhnen und diese stattdessen auf das Kollektiv hin zu orientieren sucht. Natorp hingegen lehnt, obwohl sozialistisch denkend, eine die Familie vernachlässigende Kollektiverziehung als unnatürlich ab. Damit bleibt für Natorp – anders als für Platon, Fichte oder eben auch Hahn – die familiäre Hausgemeinschaft als die primäre und natürliche Sozialisationsinstanz eine zentrale und grundlegende Bezugsgröße auch und gerade in Sachen Erziehung und Bildung.

e) Adressatenkreis und Bildungszugang

Zwar hat Hahn für seine Internate den *Anspruch*, auch bildungsferne Kreise zu erreichen und Kinder aus Familien mit aufzunehmen, in denen „das Leben nicht nur einfach, sondern sogar hart ist" (Hahn 1998: 153). Doch muss klar konstatiert werden, dass er diesen Anspruch weder in Salem noch in Gordonstoun jemals wirklich einlösen konnte. Wie dargelegt worden ist (Kap.V.2), versammelte sich in Salem von Anbeginn an ein recht auserwählter Kreis von Jugendlichen aus kapitalintensiven Elternhäusern. Zwar gab es, um Begabungs- und Leistungskriterien nicht ganz auszuschalten, die Förderung durch Stipendien. Doch man muss sich dabei vor Augen halten, dass selten mehr als 30% der Schüler in deren Genuss gekommen sind und dass es sich dabei in den allermeisten Fällen lediglich um Teilstipendien handelte (und handelt), was immer noch einen verhältnismäßig hohen Einsatz an finanziellen Eigenmitteln bedeutet hat, – einen zu hohen jedenfalls, als dass ihn ein auch nur durchschnittliches Familieneinkommen jemals erlaubt haben würde. Damit bleibt festzuhalten: Hahns Internatskonzept ist nicht nur im Effekt, sondern auch was die realen Zugangschancen anbelangt, elitär. Die Möglichkeit, in den Genuss der Hahnschen Internatsschulerziehung zu gelangen, stand und steht also keineswegs allen gesellschaftlichen Kreisen gleichermaßen offen, sondern ist klares Privileg der in erster Linie *materiell* Höher- und Höchstgestellten.

Damit zeigt sich in diesem Punkt die vielleicht einschneidenste Differenz zwischen Hahn und Natorp, denn elitäre Bildung lehnt Natorp vom Grundsatz her und in jeder Hinsicht ab. Entscheidend ist für Natorp nicht die Höherbildung einiger weniger Auserwählter, sondern die gemeinsame Grundbildung *aller*. Dazu gehört aber ganz wesentlich ein gleicher Zugang zum Bildungs- und insbesondere zum Schulsystem (vgl.Kap.IV.4.b). Mit Pestalozzi, Fichte und Schleiermacher beruft sich Natorp auf den Grundsatz, dass „auf dem Gebiet des Bildungswesens der Unterschied der Klasse jedes logischen und sittlichen Rechts entbehrt" (Natorp 1894: 4), denn „aller echte Bildungsinhalt ist an sich Gemeingut" (vgl. Natorp 1999: 85). Von daher ist zu fordern, dass Bildung für alle gleichermaßen und möglichst frei zugänglich ist. Aus dem Gebot der sozialen Gerechtigkeit heraus geht Natorp sogar so weit, als die vordringlichen Adressaten von Erziehung und Bildung gerade die benachteiligten und bildungsfernen Schichten in den Blick zu nehmen:

> „Wie der Kranke mehr leibliche Pflege für sich fordern darf als der Gesunde, so hat der weniger Begabte Anspruch auf desto größere Sorgfalt für seine Bildung. Die Formel, daß dem Besseren Besseres gebühre, dem Schlechteren Schlechteres, versagt hier völlig; diese Proportion wäre hier schreiendste Ungerechtigkeit, sie würde sagen: Wer hat, dem wird gegeben, und wer nicht hat, dem wird auch noch genommen, was er hat" (Natorp 1999: 140).

Entsprechend erstrebt Natorp mit seinem Projekt der Sozialeinheitsschule eine Öffnung des Bildungswesens insbesondere für die schlechter gestellten Schichten und damit einen gesamtgesellschaftlichen Ausgleich von Begabungsdifferenzen. Dabei ist „Begabung" nicht nur individuell, sondern, in Anlehnung an Bourdieus Kapitalsorten, auch kulturell, ökonomisch und sozial zu verstehen. Scharf kritisiert Natorp eine klassenspezifische Spaltung des Schulwesens in die ‚niedere' Volksschule hier und das ‚höhere' Gymnasium dort, wie sie im Kaiserreich noch üblich gewesen war. Dagegen fordert er, Bildung allen zugänglich zu machen, und zwar nicht in Form einer spezialisierten Berufsausbildung, sondern in Form einer fundierten und alle menschlichen Grundvermögen entwickelnden Allgemeinbildung. Somit greift er die

Forderung radikaler Aufklärung auf: „omnes omnia omnino",[39] das heißt, „alle alles ganz zu lehren".

Natorps Engagement für den Wandel in Wirtschaft, Politik und Bildung zielt im Kern gerade nicht auf Auswahl, Teilung und Regierung der Besten, sondern auf das genaue Gegenteil, auf Integration, Ausgleich und soziale Gemeinschaft. Den Wert der Vielfalt und Differenzierung, auch was die Schulbildung anbelangt, anerkennt Natorp dabei sehr wohl (vgl. Kap.IV.4.b). Doch darf eine Spezialisierung niemals die menschlichen Grundvermögen betreffen. Auch darf sie sich allein aus inneren Kriterien ergeben, wie der persönlichen Neigung und Begabung, nicht aber aus äußeren Privilegien, wie dem familieneigenen Kapitalvermögen oder gesellschaftlichen Status- und Machtpositionen.

f) Das Gesellschaftsideal (als soziale Aufgabe von Erziehung)

Wenn wir uns nun Hahns und Natorps unterschiedlichen Gesellschaftsidealen zuwenden, wird die Differenz in der Ausrichtung hinsichtlich des Adressatenkreises noch besser verständlich. Denn die Frage der Gestaltung des sozialen Bildungszugangs hängt mit der Frage nach der Konzeption der sozialen Aufgabe von Bildung unmittelbar zusammen.

Es wurde dargelegt, dass Hahn sein gesellschaftspolitisches Ideal eher im Rückblick auf den konservativen Liberalismus des 19. Jahrhunderts gewinnt. Besonders die Form der konstitutionellen Monarchie des Viktorianischen England „schien ihm in der Lage, eine starke Regierung der Besten hervorzubringen" (Knoll in Hahn 1998: 7f; vgl. auch Friese 2000: 241f). Entsprechend bemerkt Hahn wiederholt, dass die Aristokratie das Salz sei, auf das die Demokratie nicht verzichten könne (vgl. Hahn 1998: 294). Wofür sich Hahn von pädagogischer Seite her einsetzt, ist, einen wesentlichen Beitrag für die Heranbildung einer solchen Aristokratie zu leisten. Es kann Hahn aber wohl zugute gehalten werden, dass es ihm dabei nicht um die Perpetuierung einer platten Finanz- und Machtaristokratie ging, sondern um eine Aristokratie des Geistes und der moralischen Gesinnung. „Hahns Ansatz ist der einer ‚demokratischen Elitenherrschaft', d.h. er setzt auf charismatische Politiker, die sich bereits im verantwortungsvollen Dienst bewährt haben. Solange sie Gemeinwohl, Rechtsstaat,

---

[39] Johann Amos Comenius. Didactica magna. Caput XI. Sp. 49.

Menschenwürde und bürgerliche Freiheit garantieren können, ist ihnen zu folgen" (Pielorz 1991: 105).

Als exemplarisch für Hahns Gesellschaftsideal kann Platons Entwurf eines idealen Gemeinwesens in der *Politeia* betrachtet werden (vgl. Platon, Politeia: 497a ff). Dort werden drei gesellschaftliche Funktionsbereiche unterschieden und auf drei voneinander distinkt getrennte Klassen, um nicht zu sagen Kasten, aufgeteilt: der zahlenmäßig größte Bevölkerungsteil ist mit der ausschließlichen Zuständigkeit betraut, die vitale Lebenserhaltung der Gesamtheit durch Sicherung der Ernährungsgrundlage zu gewährleisten. Dies macht die Klasse der im wirtschaftlichen Sinne arbeitenden aus, den sog. ‚Nähr-Stand' (Bauern und Handwerker). Der zweite Stand hat die Aufgabe der äußeren Verteidigung sowie der inneren Überwachung von Gesetz und Ordnung. Dies ist der sog. ‚Wehr-Stand' (Wächter). Schließlich die kleine Klasse der Regierenden – bei Platon idealerweise der Philosophen –, welche gleichsam als Prinzip und Kopf des ganzen Baus von ökonomischen und exekutiven Pflichten befreit sind, um sich so ganz gesetzgeberischen Aufgaben widmen zu können.

Cecil Reddie hat dieses Modell zur Grundlage seines pädagogischen Selbstverständnisses und damit der Konzeption von Abbotsholme gemacht: „Drei Klassen gibt es in der Bevölkerung – die Millionen, die Tausende, die Hunderte. Für sie werden drei Schultypen gebraucht. Unsere Schule ist für die höchste Klasse vorgesehen" (Reddie in Arnold-Brown 1966: 185). Auch wenn Hahn die elitäre Funktion Salems nirgends so offenkundig wie Reddie propagiert hat, so kann von einer Affinität des Hahnschen Konzeptes zum Ansatz der ‚New School Abbotsholme' durchaus ausgegangen werden. Die Wirkung, die Lietz' ‚Emlohstobba' auf den jungen Hahn ausgeübt hat, war jedenfalls eminent (vgl. Kap.V.1).

Hahns Nähe zu Platons Entwurf zeigt sich deutlich auch darin, dass in Salem das höchste Helfer-Amt mit ‚Wächter' tituliert war (vgl. auch Hahn 1998: 47f.). Außerdem hatte Hahn im Konzept der Innungen (vgl. Kap.V.7.d) ursprünglich eine Gruppe der ‚Kadetten' vorgesehen, die, ganz analog der Erziehung der Wächter bei Platon, getrennt von den anderen leben sollten (vgl. Platon, Poiteia: 403c; 415a) und denen „von Seiten der Schule die Leitung aller militärischen Expeditionen, von Seiten der Schüler die Leitung des Segelns und Bootssports" oblag (Hahn 1998: 47).

Was die Frage nach dem anzustrebenden Gesellschaftsideal anbelangt, bezieht sich interessanterweise nun auch Natorp auf Platon, allerdings nicht anerkennend, sondern in kritischer Absetzung. Platons Einteilung der Gesellschaft in die drei Funktionsbereiche als solche kann er dabei noch als tiefsinnige Einsicht anerkennen. Der verhängnisvolle Fehler Platons besteht nach Natorp jedoch darin, diese Funktionsbereiche, voneinander schroff getrennten Klassen zuzuordnen: „Darin bedarf auch Plato der Berichtigung. Nicht darf auf der einen Seite ein Heer unfreier Arbeitender, auf der andern eine kleine Schar solcher stehen, die sich frei dünken, weil sie, von grober Arbeit befreit, ihrer Bildung leben dürfen" (Natorp 1920: 165).

Nach Natorp darf es schon von der Bestimmung der Humanität her, sodann aber auch aus Überlegungen einer Philosophie der Gerechtigkeit heraus keine ausschließlich zum Regieren befähigte Klasse geben. Um was es Natorp statt dessen geht, ist, die Forderung der Revolution nach „Freiheit, Gleichheit, Brüderlichkeit" endlich Wirklichkeit werden zu lassen, und zwar in einer echten Demokratie, das heißt einem Gemeinwesen, in welchem das Volk gelernt hat sich selbst zu regieren:

> „Lautet die Formel der bevormundenden, wenn auch etwa hochgeistigen Aristokratie: ‚Alles für das Volk, aber nichts durch das Volk', so spricht die Demokratie: ‚Alles für das Volk, also alles durch das Volk'; denn, wenn nicht durch es selbst, wird es auch nicht wahrhaft für es ein" (Natorp 1920: 133).

Entsprechend sind alle Glieder der Gesellschaft an jedem der drei Funktionsbereiche (Wirtschaft, Politik, Kultur/Bildung) – wohl entsprechend ihrer individuellen und biographischen Möglichkeiten in unterschiedlicher Gewichtung, aber doch auf jeden Fall in der einen oder anderen Form – zu beteiligen „in einer Abstufung, die im allgemeinen den Altersstufen entsprechen wird" (Natorp 1920: 241). D.h. keiner darf ausschließlich mit regieren betraut sein, wie sich andersherum keiner ausschließlich regieren lassen darf. Der „Zentralismus der Erziehung ist das genaue Gegenstück der wirtschaftlichen Ausbeutung und rechtlichen Vergewaltigung einer Klasse durch eine andere", denn er stützt und zementiert die Spaltung der Gesellschaft in eine geistige Aristokratie, d.h. eine „zur Erziehung ausschließlich befähigte und berufene Oberschicht" und in eine ungeistige, zum Geistigen nur eingeschränkt fähige ‚Masse', die der Erziehung und Bevormundung bedarf (Natorp 1920: 123).

Worum es Natorp also geht ist, dass das Volk keiner fremden Führung mehr bedarf, weil es sich selbst zu führen gelernt hat (vgl. Natorp 1920: 255). Sein zentrales Ansinnen ist, die Fremdherrschaft des Staates in einer sozialistisch-genossenschaftlichen Gemeinschaft des Volkes aufzuheben. Von daher würde Natorp eine selbst unter dem Prinzip der Verantwortung und der sozialen Gesinnung konzipierte Führerschaft, wie wir ihr bei Hahn begegnen, als das Gros des Volkes entmündigend und daher im letzten als undemokratisch ablehnen. Als Aufbauprinzip einer *humanen* Gesellschaft ist ein noch so wohlgemeintes Herrschaftsprinzip nach Natorp jedenfalls als verfehlt anzusehen (vgl. Natorp 1920: 17; 133f). Ziel kann nicht sein, dass einer über den anderen Herrschaft ausübt, sondern allein, dass „jeder Herr über sich selbst" wird (Natorp 1920: 23).

g) Zum Verhältnis von Individuum und Gemeinschaft

Wie bereits mehrfach deutlich geworden ist, sind beide erziehungstheoretischen Konzepte wesentlich im Hinblick auf die Gestaltung der gesellschaftlichen Wirklichkeit hin entworfen. Nichtsdestotrotz steht bei Hahn, wie bei Natorp, immer auch der konkrete Mensch und dessen Entwicklung als Person an zentraler Stelle. Dabei abstrahiert Hahn den Einzelnen als Individuum jedoch viel stärker aus seinem sozialen Kontext, während Natorp ihn konstant und wesentlich mit diesem verflochten denkt.

Dass Hahn Individuum und Gemeinschaft letztlich als zwei Entitäten begreift, lässt sich gut an Überlegungen zeigen, die er 1934 zur Frage nach dem richtigen Standpunkt der Erziehung angestellt hat:

> „I will call the three views of education the Ionian view, the Spartan view, the Platonic view … The first believes that the individual ought to be nurtured and humoured regardless of the interests of the community. This is the Ionian view. According to the second, the individual may and should be neglected for the benefit of the State. This is the Spartan view. The third, Platonic view, believes that any nation is a slovenly guardian of its own interest if it does not do all it can to make the individual discover his own powers" (Hahn zit. n. Pielorz 1991: 149).

Für Hahn zeigt sich also der platonische Standpunkt der Erziehung als der beste, denn er allein halte das rechte Maß zwischen einer Über- bzw. Unterordnung des Individuums gegenüber der Gemeinschaft. Damit macht sich Hahn wohl für eine gleichgewichtige Wertschätzung von Individuum und Gemeinschaft stark, doch dabei bleibt deren Verhältnis letztlich dualistisch gedacht.

Natorp hingegen sieht dieses Verhältnis streng monistisch. Demnach sind Individuum und Gemeinschaft als Entfaltungen *eines* Wesens in zwei Dimensionen zu verstehen. Dabei handelt es sich, wie man erläuternd sagen könnte, um die Dimensionen der räumlichen und der zeitlichen Anschauungsform, d.h. des Außenwelt- und des Innenweltbezugs des Menschen. Wie nun die Dimensionen des Raumes und der Zeit nur analytisch zu trennen sind, konkret und *a priori* aber das Raum-Zeit-Kontinuum bilden (genau so, wie das Einstein für die physikalische Welt erkannt hat), so gründen auch die Dimensionen des individualen und des sozialen Lebens in einer wesensmäßigen und ursprünglichen Einheit. Denn „es gibt menschliches Gemeinleben nur von Menschenindividuen, menschliche Individuen nur in menschlicher Gemeinschaft" (Natorp 1920: 30). Folglich kann es keine Entwicklung, keinen Fortschritt, keine Bildung in nur einer der beiden Dimensionen geben. Die individuale (Innen-)Seite des Menschseins bildet sich unmittelbar mit der sozialen (Außen-)Seite und umgekehrt.

> „Der einzelne Mensch ist eigentlich nur eine Abstraktion, gleich dem Atom des Physikers. Der Mensch, hinsichtlich alles dessen, was ihn zum Menschen macht, ist nicht erst als Einzelner da, um dann auch mit Anderen in Gemeinschaft zu treten, sondern er ist ohne diese Gemeinschaft gar nicht Mensch" (Natorp 1899: 84).

Entsprechend betont Natorp, dass mit dem Titel Sozialpädagogik nicht ein abtrennbarer Teil der Erziehungslehre gemeint sei, „sondern die konkrete Fassung der Aufgabe der Pädagogik überhaupt und besonders der Pädagogik des Willens. Die bloß individuale Betrachtung der Erziehung ist eine Abstraktion, die ihren begrenzten Wert hat, aber schließlich überwunden werden muß" (Natorp 1899: 94).

Natorp würde also nicht wie Hahn davon ausgehen, dass sich Individuum und Gemeinschaft mit je eigengearteten Interessen gegenüber stehen und diese (sekundär) vermittelt bzw. zur Deckung gebracht werden müssten, sondern betonen, dass beide grundsätzlich ineinander gründen und es *a priori* nur ein und dasselbe Interesse für beide geben kann. Dieses lautet (verstanden als ewige Aufgabe): Die Bildung der Menschheit (Humanität) im Kontinuum der Raum-Zeit, d. h. der lebensweltlichen Wirklichkeit des Menschseins.

Zwar kommt Hahn dieser Einsicht im Effekt sehr nahe, wenn er mit dem platonischen Standpunkt der Erziehung die Auffassung vertritt, dass dem Staat am besten gedient sei, wenn er das Individuum sich möglichst frei entfalten lasse. Doch im Grunde genommen verlässt Hahn mit diesem Vermittlungsversuch die dualistische Sichtweise von Individuum und Gesellschaft als von sich gegenüberstehenden, eigengewillten Entitäten nicht. Letztlich ist es diese Sichtweise, die Hahn im Zusammenhang mit seinen gesellschaftlichen Reformbemühungen dazu bringt, fast ausschließlich an der Erziehung und Bildung des Individuums anzusetzen und dieses dabei so gut als möglich von seiner (makro-)sozialen, d.h. gesellschaftlichen (auch familiären) Umwelt zu isolieren. Natorp hingegen geht es nicht um eine Vermittlung von Individualismus hier (dem was Hahn unter dem ionischen Standpunkt versteht) und Kollektivismus dort (dem nach Hahn spartanischen Standpunkt), sondern – ganz im Sinne Hegels – um die *Aufhebung* dieser beiden Konzepte in der idealen, freien Gemeinschaft, deren politische Bezeichnung in der Fassung Natorps „genossenschaftlicher Sozialismus" lautet.

Seine überzeugende Weiterentwicklung findet Natorps monistischer Ansatz in Martin Bubers Philosophie des Zwischenmenschlichen.[40] Bei Natorp lesen wir: „Der Mensch wird zum Menschen allein durch menschliche Gemeinschaft" (Natorp 1899: 84). In Bubers Worten ausgedrückt lautet diese Einsicht: „Der Mensch wird am Du zum Ich", denn: „Im Anfang ist die Beziehung" (Buber 1957: 37; 25).

h) Zum konstituierenden Moment von Gemeinschaft: Zweck- vs. Wesensgemeinschaft

An die Verhältnisbestimmung von Individuum und Gemeinschaft lässt sich unmittelbar die Frage nach dem konstituierenden Moment von Gemeinschaft knüpfen. Es ist letztlich die Frage nach dem Wesen von Gemeinschaft.

Für Hahn ist, was die Bildung und den Zusammenhalt von Gemeinschaft anbelangt, ganz zentral die gemeinsame Herausforderung durch eine geteilte Aufgabe.

> „Ein Internat sollte nicht eine Familie im großen, sondern ein Staat im kleinen sein. Ich glaube an eine Partnerschaft von Schülern und Lehrern, nicht durch unechte Familienbande, sondern durch fesselnde Aufgaben und Zielsetzungen

---

[40] Buber und Natorp sind in vertrautem, persönlichen Kontakt gestanden (vgl. Buber 1986: 66-70).

miteinander verbunden, die das bereitwillige Eintreten der Partner erfordern" (Hahn zit. n. Arnold-Brown 1966: 182).

Wenn es, wie es Hahn vorsieht, die gemeinsame Aufgabe ist, welche eine Gemeinschaft verbindet, dann ist diese wesentlich als Zweckgemeinschaft bestimmt. Als solche unterscheidet sie sich von einer ‚natürlichen' oder ‚Wesensgemeinschaft' wie beispielsweise der Familie oder der Gemeinschaft einander Liebender. Dem entspricht, dass sich Hahn selbst wiederholt dafür stark macht, dass explizit nicht die Familie, sondern die staatliche Gemeinschaft als Vorbild für die Salemer Schüler- und Lehrerschaft fungieren soll.

> „Ich glaube nicht, daß die Familie, sondern nur, daß das Gemeinschaftsleben das Geheimnis der Bundesgenossenschaft vermitteln kann. Die Kinder müssen es täglich erleben, wie sich Kräfte zur Kraft zusammenfinden" (Hahn 1998: 109).

Im Gegensatz zu Lietz, der auf familienähnliche Lebens- und Umgangsformen in seinen Heimen stets großen Wert gelegt und die Schüler in Kleingruppen mit je einem Lehrer zu ‚Schülerfamilien' zusammengefasst hat (vgl. Badry 1991: 157), konzipiert und charakterisiert Hahn Salem also bewusst als ‚*Staat* im Kleinen' (vgl. Friese 2000: 78) bzw. als ‚Bundesgenossenschaft'. Er anerkennt als das verbindende Element seiner pädagogischen Provinz demnach weniger das emotionale Moment der gegenseitigen Zuneigung und Liebe, sondern das rationale Argument einer zweckgerichteten Gemeinschaft erinnernd an Rousseaus Gesellschaftsmodell im *Contrat social* von 1792: Die Einzelnen schließen sich zum gemeinsamen Vorteil aller vertragsmäßig zusammen und bilden so die staatliche Gemeinschaft. Von daher handelt es sich hier um eine von außen hergestellte, nicht von innen, d.h. organisch ‚gewachsene' Gemeinschaft.

Um genau eine solche aber ist es Natorp zu tun. Und insofern liegt Natorps Zielsetzung derjenigen Hahns gegenüber konträr:

> „Gemeinschaft sollte man gar nicht nennen ein bloß durch äußeres Gesetz erzwungenes Zusammenleben Einzelner; ein Wirken zu gemeinsamen Zwecken bloß im Sinne eines auf dem Boden der Gleichheit geschlossenen, durch den Zwang aller über alle aufrechtgehaltenen Vertrags; sondern allein ein solches Leben mit und für einander, das in der eigenen *Gesinnung* eines jeden, in jener schlichten *Einsicht*, daß man kein Einzelner ist, sicher ruht, mithin der äußeren Regelung nicht an sich, als Zweck, sondern nur noch hinsichtlich der zweckmäßigen Einrichtung und Veranstaltung bedarf" (Natorp 1894: 3).

„Gemeinschaft" als bloße Zweckgemeinschaft verstanden ist in Natorps Augen das Ergebnis einer auf Privateigentum gegründeten, auf „Tausch von Leistung und Gegenleistung" (Natorp 1920: 223) basierenden und als solche sich atomisierenden Gesellschaftsordnung. Eine solche Gemeinschaft hält – gleich einer Räuberbande – zusammen nur solange das Geschäft blüht (vgl. Kap.IV.6).

> Und das „Geistigste, das Wort; es tritt selbst in den Dienst des Zwecks der ‚Verständigung', nicht mehr des einander innerlich Verstehens, sondern der künstlichen, erzwungenen Vereinbarung über ein, beiden sich Vertragenden gleich äußerliches, nur von außen her sie in Verbindung setzendes Drittes, nämlich das gemeinsam zu vollbringende Werk" (Natorp 1920: 225).

Damit wird deutlich, dass Natorp das Konzept eines Staatsvertrages als Basis staatlicher Gemeinschaft entschieden ablehnt. Im Unterschied zu Hahn erscheint Natorp das Modell einer im Sinne Rousseaus sich bloß ‚vertragenden' Gemeinschaft als prekär.

> Denn „daß Friede durch ‚Vertrag' erst gesichert werden muß, beweist, daß man sich von selbst nicht mehr vertragen würde. Die erzwungene Gleichheit soll die geschwundene, immer mehr schwindende Brüderlichkeit ersetzen, aber sie ist ein schlechter, vielmehr ganz und gar kein Ersatz für sie, sondern vielmehr ihre immer gründlichere Tötung" (Natorp 1920: 224).

Damit bleibt festzuhalten: Es geht Natorp nicht um eine irgendwie geartete Zweckgemeinschaft, sondern um eine Gemeinschaft, die ihren Zweck, besser ihren Sinn, in sich selbst zu suchen hat. Dies ist, die, als ewige Aufgabe zu verstehende, Gemeinschaftsbildung selbst. Ein wichtiges Stichwort dazu ist gefallen: Brüderlichkeit. Ein entsprechendes, geschwisterliches Verhältnis ist nicht auf Vertrag zu begründen, sondern allein auf innere, d.h. zwischenmenschliche, Verbundenheit. Vor diesem Hintergrund kann Natorp auf einer Linie mit Pestalozzi, aber im Unterschied zu Hahn, schulische Gemeinschaft durchaus am Modell der Familie orientieren.

> „Aber je mehr die Schule selbst von dem Charakter unmittelbarer Arbeitsgemeinschaft annimmt, also sich, nach der Forderung Pestalozzis, eben dem Typus der Hausgemeinschaft nähert, um so entschiedener wird sie, wenn nicht sonstige Umstände übermächtig dagegen arbeiten, auf innere Vergemeinschaftung hinwirken" (Natorp 1920: 144).

„Innere Vergemeinschaftung" meint mehr als Zweckgemeinschaft. Es meint Wesensgemeinschaft und ist der Ausdruck des Ideals eines gleichsam geschwisterlichen Verhältnisses der Menschen untereinander, des Ideals der großen Revolution und ihres Rufes nach *„Freiheit, Gleichheit, Brüderlichkeit"*.

Im Zusammenhang mit seinen Warnungen vor antisemitischen Tendenzen in der Jugendbewegung unterschied Natorp zwischen einem (nicht-reflexiven) Gemeinschaftsgefühl und einem (vernunftgemäßen) Gemeinschaftsbewusstsein. Ihm war es um letzteres zu tun (vgl. Henseler 2000b: 50). Worauf ist dieses begründet? Es ist gesagt: Auf die fundamentale und umfassende Einsicht, dass der Mensch *ursprünglich* kein Einzelner, kein Individuum, ist, sondern von Anfang an in Beziehung steht (vgl. Kap.VI.2.g). Denn „in den Individuen erwächst Gemeinschaft, aber sie wurzelt in ihnen ursprünglich, erwächst aus ihnen natürlich" (Natorp 1920: 30).

i) Charakterideal und Bildungsziel (als individuale Aufgabe von Erziehung)

Wie bereits ausgeführt worden ist, gilt für beide Konzepte, dass es letztlich um den konkreten Menschen geht. Von daher bleibt abschließend noch die zentrale Frage nach dem Erziehungsziel in individualer Hinsicht zu stellen. Daß sich Hahns pädagogische Zielvorstellungen am Ideal des Gentleman bzw. des ‚modernen Ritters' ausrichten, ist dargestellt worden (vgl. Kap.V.4). Ganz zentral steht dabei die Bildung und Stärkung des Willens. Denn in der Herausbildung von Willensstärke liegt für Hahn eine wesentliche Voraussetzung der menschlichen Sittlichkeit, welche er als das oberste Ziel der Erziehung definiert hat (vgl. Hahn 1998: 26).

Sittlichkeit ist zwar ein allgemeines, doch rein formales Erziehungsziel. Für eine erzieherische Praxis ist es von Bedeutung, dieses Ziel zu konkretisieren. So lassen sich, was die Erziehung in Salem unter Hahns Leitung (1920-1933) anbelangt, eine Reihe konkreterer Grundwerte herausarbeiten (vgl. Pielorz 1991: 202). Dazu gehören:

- Partizipation und Verantwortung (z.B. Schülerselbstverwaltung, Helfer-System)
- Gemeinschaft und Nächstenliebe (z.B. Idee der Bundesgenossenschaft, Hilfs- und Rettungsdienste)
- Selbstdisziplin und Leistung (z.B. Trainingsplan, Sport, Expedition)
- Ehre und Pflicht (Schulanzug, Dienste, Bewusstsein ein ‚Salemer' zu sein etc.)

Im Hinblick auf die zukünftigen gesellschaftlichen Führungsaufgaben, für welche Hahn die Schülerinnen vorzubereiten gedachte, hatte die Ausbildung von Verantwortungsbewusstsein und Selbstdisziplin, sowie die Entdeckung der ‚grande passion', der Tiefen inneren Leidenschaft für ein Ziel oder eine Pflicht auch innerlich erfüllt einzutreten, die wohl größte Bedeutung (vgl. Pielorz 1991: 147).

Disziplin und Selbstdisziplin können dabei als wesentliche Aspekte von Willensstärke betrachtet werden. Von daher ist auch deren Wertschätzung im Hahnschen Konzept zu verstehen und in einem bestimmten Rahmen wohl auch nachvollziehbar, zumal es Hahn tatsächlich primär um *Selbst*disziplin zu gehen scheint: „Zu den Erziehungsgrundsätzen, die Hahn von Anfang an bewegten, gehört die Selbstkontrolle des Schülers. An die Stelle der autoritären Disziplin der Schule sollte die Selbstdisziplin treten" (Hasseldorn zit. n. Pielorz 1991: 215).

Auf der anderen Seite birgt der Disziplinbegriff aber auch durchaus problematische Aspekte. So konnotiert Disziplin gerade im Hinblick auf so genannte ‚Autoritäten' die Unterordnung des eigenen unter einen fremden Willen, d.h. Gehorsam. Diese problematische, restriktive Seite des Disziplinbegriffs ist es, die bei Hahn zu wenig Berücksichtigung findet, obwohl sich deren Auswirkungen im stark reglementierten Salemer Schulleben durchaus gezeigt haben.

> „Disziplin und Regel bestimmten den straffen Tagesablauf ‚[…] Jeder muß unbedingt beim Hereintreten und Heraustreten in und aus dem Duschraum auf die Uhr sehen, sonst hat der Betreffende ein Minus.' Für alles, was nicht ‚nach Regel' geschieht, wird ein Minus erteilt oder es gibt Strafexerzieren" (Pielorz 1991: 213).

In unmittelbarem Zusammenhang mit der Problematik des Disziplinbegriffes steht die Problematik von Kontrolle und Sanktion. Disziplin wird nur da wirksam, wo das durch sie geforderte regelkonforme Verhalten auch kontrolliert und ein etwaiger Verstoß sanktioniert wird. Als Instrument der Selbstkontrolle gab es in Salem den Trainingsplan. Problematischer als dieser scheint mir das Phänomen der sozialen Kontrolle, die in Salem nicht nur durch Lehrer und Erzieher, sondern auch durch die Schüler selbst ausgeübt wurde. Es ist das ausgedehnte Salemer ‚Helfersystem', das zwar dem Einüben von Verantwortung ein breites Bewährungsfeld eröffnet, doch eben auch dem Phänomen der Kontrolle der Schüler untereinander Vorschub leistet. Der wohl gewichtigste Grund, weshalb „die Hierarchie der Schülermitverwaltung als besonders umstritten" galt (Pielorz 1991: 148), ist wohl darin zu sehen, dass sie für den einzelnen Heranwachsenden einen nahezu unausweichlichen Anpassungsdruck mit sich bringen konnte; unausweichlich, insofern dieser nicht nur von den Lehrern, sondern auch von den Mitschülern ausgehen konnte. „Für sensible Kinder kann Salem sowohl ein heilsames Erlebnis sein als auch Schockwirkung auslösen. Anpassung an die Gruppe und deren Verhaltensmuster ist lebenswichtig, um kein Outsider zu werden" (Leicht zit. n. Pielorz 1991: 193). Kupffer, der ab 1930 selbst Schüler in Salem gewesen war, äußert sich daher sehr kritisch:

> „Gemeinsam ist beiden Institutionen [dem Landerziehungsheim und dem Fürsorgeheim, Anm. d. Verf.], daß der kritische junge Mensch mit größeren Unannehmlichkeiten zu rechnen hat als der angepaßte. Da jedes Heim darauf bedacht sein muß, funktionsfähig zu bleiben, neigt es dazu, die Bewahrung der äußeren Ordnung vor die pädagogische Kommunikation zu stellen. […]. Der kritische Jugendliche könnte diese Zwänge aufdecken, Unruhe stiften und damit das Gefüge empfindlich stören" (Kupffer zit. n. Pielorz 183f).

Hier zeigt sich eine große Gefahr der Internatserziehung. Sie liegt darin, dass der pädagogische Zugriff auf die Heranwachsenden, wenn er mehr oder weniger den gesamten Tagesablauf umfasst, total wird und eine individuelle Entfaltung unterdrückt. Es gab immer wieder Schüler und Schülerinnen, die darunter zu leiden hatten: „Ich kam 1930 und blieb bis 1941 und empfand Salem als totale Institution […]. Salem wollte zur kritischen Verantwortung erziehen und tat doch das Gegenteil! Echte Kritik gab es nicht, denn Kritiker eines solchen Systems wurden gar nicht erst in hohe Ämter gesetzt. […] Anpassung war sehr wichtig" (zit. n. Pielorz 1991: 193; 199). Dass es sich hier nicht um bloße Einzelfälle oder subjektive Zuspitzungen handelt, lässt sich durch einen Blick in Schulprotokolle bestätigen, in denen entsprechende Fälle non-konformen Verhaltens dokumentiert sind:

> „Edgar H. wurde am 05.12.1933 der Trainingsplan und der Schulanzug genommen. Grund: Er hat am Helferkreis grundlos verallgemeinernde, herabsetzende Kritik geübt und durch seine dieses Fahrlässigkeit die Schule geschädigt. Dieter verlor am 31.03.1948 den Trainingsplan. Grund: Er hat sich außerhalb der Salemer Gemeinschaft gestellt" (Friese 2000: 319).

Hier drängt sich dann doch der Verdacht auf, dass Systemkonformität und Anpassung zum Schaden der individuellen Entwicklung in der pädagogischen Praxis Salems allzu oft und zu einseitig in den Vordergrund gestellt worden sind. Zwar darf Hahn nicht unterstellt werden, dergleichen negative Auswirkungen beabsichtigt zu haben, doch kamen sie, wie an den aufgeführten Zitaten deutlich geworden sein dürfte, de facto vor. Hahns pädagogisches Konzept bot kaum einen Ansatzpunkt, diesen negativen Auswirkungen konstruktiv begegnen zu können.

> „Salem hat die Möglichkeit des Widerspruchs nie in die Erziehung miteinbezogen. Die leitenden Pädagogen erfaßten nicht, daß der selbständige, verantwortungsbewußte, charakterfeste Mensch, den sie doch als Erziehungsziel proklamierten, zugleich ein kritischer Mensch sein muß. Jugendliche sind als Mitwirkende bei gemeinsamer Willensbildung und Gestaltung der institutionellen Verhältnisse nicht gefragt" (Kupffer zit. n. Pielorz 1991: 199).

Opposition, Widerspruch, Kritik: Das war es, was die Kritische Erziehungswissenschaft ab den 60er-Jahren in der Bedeutung für eine „Erziehung zur Mündigkeit" wiederentdeckt hat. Ein entscheidender Beitrag für eine entsprechende Reformulierung der pädagogischen Aufgabenstellung ist dabei von der *Frankfurter Schule* und insbesondere von Theodor W. Adorno ausgegangen (vgl. Schelkle 2006: 27ff). Was Hahn und die Erziehung in Salem anbelangt, bleibt hingegen festzuhalten: Als Werte sind kritisches Bewusstsein, Selbstbestimmung und Mündigkeit theoretisch nur schwach verankert. In der Praxis wurde zu deren Ausbildung wenig Anlass und Raum geboten. Wo sie sich trotzdem, oder gerade deshalb äußerten, gelang es kaum, sie produktiv zu integrieren.

Was nun Natorp betrifft, sind viel deutlichere Bezüge zum Projekt einer Kritischen Erziehungswissenschaft und einer Erziehung zur Mündigkeit vorhanden (vgl. Kap.IV.6). So verzichtet Natorp, im Gegensatz zu Hahn, auf eine spezielle Wertschätzung des Disziplinbegriffs im pädagogischen Kontext ganz. Zu diametral stehen die problematischen Aspekte desselben, die sich unter dem Stichwort ‚Fremdbestimmung' versammeln lassen, den zentralen Anliegen seines Ideals entgegen, das ganz wesentlich die Befreiung des Menschen aus der Bevormundung durch andere in praktischer wie in theoretischer Hinsicht beinhaltet und von daher in Mündigkeit, Selbstbestimmung und kritischem Denken fundamentale pädagogische Werte erkennt und proklamiert. Weit ab von der Forderung nach Disziplinierung, d.h. nach Ein- und Unterordnung des Einzelnen, geht es Natorp um die Stärkung der personalen „Selbstkraft" (Natorp 1920: 50). Damit gemeint ist „die urschöpferische, von sich aus bestimmende und richtende, nicht bloß von außen nach außen gerichtete und nur als gerichtet mittelbar wiederum richtende Tatenergie" (ebd.).[41]

Zur Bedeutung der Entdeckung der kritischen Philosophie Kants wie überhaupt des Momentes der Kritik für das eigene Leben und Schaffen bemerkt Natorp im Rückblick:

> „[...] keinen Augenblick war mir Kant der Kritiker bloß der theoretischen Vernunft, oder überhaupt bloß Kritiker. Das wäre auch im Sinne Langes und Cohens nicht gewesen. Die schlimme Wendung, die das deutsche Geistesleben im neuen Reich genommen hatte, die den Keim des jetzigen Zusammenbruchs bereits kaum verkennbar in sich trug, erzog die damals Jungen, soweit sie erziehbar waren, zu strenger politischer und sozialer Kritik" (Natorp 1921: 153).

Zwar erachtet auch Natorp die Erziehung des Willens als ein wichtiges pädagogisches Ziel, doch steht sie zumindest im *Sozialidealismus* nicht mehr zentral und wird dort klar auf die Phase der Jugendschule beschränkt. Mit Nachdruck bestimmt Natorp Verstand und Willen als nur *dienende* Vermögen (vgl. Natorp 1920: 229). Das heißt aber, dass das Höchste der Bildung weder die Verstandes- noch die Willensbildung sein kann. Das höchste ist: die menschliche Freiheit, die in der Befreiung der Schöpferkraft besteht.

Was die Nennung und Herausarbeitung von konkreten erzieherischen Werten und Zielen anbelangt, hält sich Natorp im *Sozialidealismus* zurück. Dies hat zunächst konzeptionelle Gründe, denn es geht ihm in diesem Werk bewusst um einen Entwurf von *Richtlinien* und *Grundsätzen* sozialer Erziehung. Somit unterscheidet sich der *Sozialidealismus* bereits im Ansatz von der *Sozialpädagogik*, in welcher es Natorp unternommen hat, Pädagogik als Theorie und Praxis philosophisch fundiert und kohärent zu deduzieren, was auch die systematische Ausarbeitung konkreter pädagogischer Werte und Ziele umfasst hat (vgl. Natorp 1899: Zweites Buch. Hauptbegriffe der Ethik und Sozialphilosophie. 99f.). Im *Sozialidealismus* hingegen steht ganz klar die *formale* Zielbestimmung im Vordergrund. Hierzu gehört die Forderung nach der Bildung von „sozialer Gesinnung" (Natorp 1920: 16f) und nach einer harmonischen Entwicklung aller menschlichen Grundvermögen, also des intellektuel-

---

[41] Natorps „Selbstkraft" hat deutliche Anklänge an Adornos Begriff der „Ich-Stärke" bzw. „Ich-Schwäche" (vgl. Schelkle 2006: 56).

len, des sittlichen und des ästhetischen Vermögens (gemäß der Bestimmung humaner Bildung, vgl. Natorp 1894: 1).

Im Hinblick auf die Schlichtung der realen gesellschaftlichen Verwerfungen und Spaltungen steht bei Natorp die Forderung nach einer Wiedervereinigung von Geist und Arbeit, mit Pestalozzi gesprochen von Kopf und Hand, im Mittelpunkt. Die vereinigende Kraft verbürgt das Herz, das heißt die schöpferische Potenz des Menschen. Auch von daher zeigt sich also die Entwicklung und Freisetzung der menschlichen Schöpferkraft als die „Vollendung der sozialen Erziehung" (vgl. Kap.IV.6). Sie steht über dem Es-ist der theoretischen Einsicht, aber auch über dem Du-sollst der praktischen Vorschrift. Das nun ist der inhaltlich-sachliche Grund, weshalb Natorp von der Ausarbeitung konkreter Werte und Normen im *Sozialidealismus* abgesehen hat. Denn für eine erzieherische Praxis mögen diese als Explikationen hilfreich, vielleicht sogar notwendig sein, doch sind sie nicht das entscheidende Kriterium einer gelingenden Erziehung und Bildung, wenn nicht Verstandesbildung und Sittlichkeit, sondern die menschliche Freiheit als das höchste Ziel bestimmt worden ist. Von diesem Ziel her gedacht versteht Natorp Bildung weder als bloße Verstandes- noch als bloße Willensbildung, sondern im letzten als Selbstbildung im Sinne von Selbstschöpfung:

> „Bildung ist Schöpfung, und zwar (was allein darunter hier verstanden wird) Selbstschöpfung; umgekehrt: Schöpfung ist Bildung, und zwar seiner selbst, nicht eines draußen stehenden oder nach außen herzustellenden Werks. In ‚Bildung' liegt, was eben die Schöpfung unterscheidet: die Individuierung" (Natorp 1920: 243).

Dieses Ziel liegt, mit Nietzsche gesprochen, „jenseits von Gut und Böse",[42] d.h. von Moralität und Sittlichkeit, was wiederum nicht heißt, dass es ein un- oder gar widersittliches wäre. Es kann ganz in der Richtung von sittlichem Verhalten liegen, nur geht es eben nicht in diesem auf, sondern darüber hinaus. Es ist *über*sittlich. Demnach kann Sittlichkeit als im schöpferischen Vermögen aufgehoben betrachtet werden, nicht aber umgekehrt.

Wenn auch festzuhalten bleibt, dass nach Natorp die eigentliche Sphäre der Realisierung der Schöpferkraft erst das Erwachsenenalter ist, so unterscheidet er sich von

---

[42] F. Nietzsche. *Jenseits von Gut und Böse – Vorspiel einer Philosophie der Zukunft.* Leipzig 1886.

Hahn doch eben genau in dem Punkt, dass es für ihn als Zielbestimmung – über die Erziehung zur Sittlichkeit hinaus – die Dimension des Schöpferischen und der menschlichen Freiheit gibt. In dieser Dimension lassen sich Kritik, Selbstbestimmung und Mündigkeit theoretisch begründen und so als Werte für eine pädagogische Praxis sichern. Es ist das schöpferische Vermögen, welches die fundamentale Bedingung der Möglichkeit des Entwurfs eines menschlicheren Selbst und einer menschlicheren Welt darstellt, auch und gerade gegen die realen Verhältnisse und materialen Lebensbedingungen. Damit erweist sich das schöpferische Vermögen als notwendige Voraussetzung von Bildung, verstanden als Prozess der beharrlichen Verwirklichung des idealen Selbstentwurfes des Menschen im lebensweltlichen Raum-Zeit-Kontinuum. Dabei gilt: die Bildung der ökonomischen, politischen und kulturellen Wirklichkeit ist die Bildung des Menschen der lebt. Sofern er frei ist und den Anspruch des Ewigen vernimmt, trägt er Verantwortung dafür, – zusammen mit der für sich selbst. Tatsächlich ist Natorps *Sozialidealismus* selbst ein solch schöpferischer Selbst- und Weltentwurf. Er zeigt das Ideal des Menschen und der menschlichen Gemeinschaft als das ewige Ziel des Prozesses der Bildung und ruft demgemäß zu einer humanen Gestaltung der individualen und sozialen Wirklichkeit auf. Nicht das Ziel zu erreichen, ist, worauf es dabei ankommt, sondern das Sich-auf-den-Weg-begeben selbst. Denn: Leben heißt unterwegs sein. Das Ende bleibt offen …

VII. Schluss

Was den Vergleich der beiden erziehungstheoretischen Konzepte anbelangt, hat sich gezeigt: trotz einer Reihe grundlegender Gemeinsamkeiten sind die Differenzen zwischen Hahn und Natorp erheblich. In diesem abschließenden Teil möchte ich versuchen, die grundsätzlichsten noch einmal auf den Punkt zu bringen, kritisch zu erörtern und einige Vermittlungsansätze und Synthesen anzudeuten.

Was das in der Einleitung in Aussicht gestellte Unternehmen der Wiederentdeckung eines *Gemeinschaftsbegriffes* – und zwar eines kritischen – anbelangt, dürften sich im Laufe der Darstellung einige viel versprechende Perspektiven und Anschlussstellen für eine gegenwärtige pädagogische Aufgabenstellung eröffnet haben. Weder Hahn noch Natorp verabsolutieren das Konzept der Gemeinschaft, d.h. keiner von beiden ist bereit, den Einzelnen der Gemeinschaft schlichtweg unterzuordnen, – im Gegenteil. Bei beiden dient letztlich die Dimension des Zwischenmenschlichen, zumindest auch, der Entwicklung und Bildung des Individuums. Von daher bietet das Gemeinschaftskonzept beider einen wirksamen Schutz gegenüber einer dogmatisch-kollektivistischen Vereinnahmung desselben.

Jedoch haben sich Differenzen darin gezeigt, worin Hahn und Natorp das konstituierende Moment von Gemeinschaft sehen (vgl. Kap.VI.2.h). So begreift Hahn Gemeinschaft primär als *Zweckgemeinschaft*. Dabei besteht die Gefahr, dass sein Gemeinschaftsbegriff verflacht, in dem Sinne, dass das *an sich* und *ursprünglich* Verbindende aus dem Blick gerät und Gemeinschaft zum bloßen Zweckbündnis wird. Genau einer solchen Verflachung sucht Natorp entgegenzuwirken. Ihm erscheint es prekär, Gemeinschaft auf die Erlangung eines äußeren Ziels und auf Vertrag zu gründen, denn ein solcher Zusammenschluss hält letztlich nur zusammen, solange das Ziel noch nicht erreicht ist und erreichbar bleibt. Er bleibt also innerlich fragil. Natorps Gemeinschaftsbegriff ist ambitionierter. Ihm geht es um *Wesensgemeinschaft*, d.h. um Gemeinschaft, die im Bewusstsein ihres Wertes für die Bildung des Menschen und der Gemeinschaft selbst ihren gültigen Bestand findet, die mithin ein Wert an sich ist.

Allerdings ist hier die kritische Anfrage an Natorp zu richten, ob es wirklich praktikabel und sinnvoll ist, einen solch anspruchsvollen Gemeinschaftsbegriff, gesamtgesellschaftlich ausdehnen zu wollen. Es scheint mir zumindest so, dass ein auf Elementen des Zwischenmenschlichen begründeter und als solcher sozusagen *personaler* Gemeinschaftsbegriff, wie ihn Natorp vorschlägt, ab einer gewissen, kritischen Größe des Gemeinwesens sich zumindest langfristig kaum durchsetzen können wird, weil der Sozialkontakt der einzelnen Gesellschaftsmitglieder dann faktisch und ideell allzu lose und anonym wird. Anders ist das im Fall kleiner und lokaler Gemeinschaften, auf der Ebene von Kommunen also. Hier bleibt das soziale Netz klein genug, dass es, zumindest potentiell, persönliche Berührungspunkte aller Mitglieder untereinander zulässt. Somit ermöglicht es auch eine persönlichere Form von Gemeinschaft und Gemeinschaftsbewusstsein.

Was die gesamtgesellschaftliche bzw. staatliche Perspektive anbelangt, halte ich daher, zumindest unter den gegenwärtigen Verhältnissen, Hahns eher zweckrational bestimmter und an Rousseau orientierter Gemeinschaftsbegriff für besser geeignet, das soziale Miteinander zu fassen. Damit erscheint mir eine Differenzierung als sinnvoll, in der Art etwa, wie sie Ferdinand Tönnies in *Gemeinschaft und Gesellschaft* (1887) vorgeschlagen hat. Vor dem Hintergrund einer entsprechenden Differenzierung müssen die beiden Sichtweisen nicht als sich einander widersprechend aufgefasst werden. Sie können in einem Ergänzungsverhältnis gesehen und dementsprechend neben einander stehen gelassen werden. Die anzustrebende Synthese wäre: viele (kleine) Gemeinschaften in einer (großen) Gesellschaft.

Einer der Hauptkritikpunkte, den es Hahn gegenüber zu äußern gilt und der weiter oben bereits dargelegt worden ist, besteht in der mangelnden Würdigung dessen, was als Weckung eines *kritischen Bewusstseins* bezeichnet werden kann (vgl. Kap.VI.2.i). Gerade was dieses Bemühen anbelangt, erscheint mir Natorps Position als deutlich stärker. Von Kant her kommend gelingt es Natorp, *Kritik* als tragendes Element seiner Theorie und als treibendes Moment seiner Praxis überzeugend zu integrieren. Es gelingt ihm, diese Kritik sozialwissenschaftlich und sozialphilosophisch zu wenden und so fruchtbar zu machen für eine engagierte, politische Einmischung auch und gerade der Wissenschaften.

In diesem Kontext zeigt sich eine zweite Schwäche des Hahnschen Ansatzes: Hahn denkt zwar auch politisch, doch hält er sich zurück, *unmittelbaren* Einfluss auf die gesellschaftliche und politische Wirklichkeit auszuüben. Er gedenkt *indirekt*, vor allem über die Erziehung der *zukünftigen* politisch Verantwortlichen in einer mehr oder weniger isolierten „pädagogischen Provinz" zu wirken. Doch insofern damit der gesellschaftliche Wandel zu einem Projekt der zukünftigen Politiker- und Managergeneration erklärt wird, birgt Hahns Ansatz die offensichtliche Gefahr, Wandel und Veränderung immer nur weiter aufzuschieben. Hahns Ansatz neigt also dazu, soziale Ungerechtigkeiten zu perpetuieren. Sein gesellschaftlicher Effekt ist also *konservativ*.

Natorps sozialkritischer und progressiver Ansatz wirkt hier überzeugender, weil er ausbaufähiger ist, was die Beseitigung von gesellschaftlichen Missständen und eine Veränderung zum Besseren anbelangt. Für Natorp ist Wandel und Gestaltung gleichsam der Normalfall des gesellschaftlichen Miteinanders. Es geht ihm um einen Wandel, der letztlich im Gehen des Weges selbst besteht. Dafür entscheidend ist, dass er im Hier und Jetzt beginnt und möglichst *alle* einbezieht. Ein jeder Weg setzt den ersten Schritt voraus, und aller wesentliche Wandel geschieht jetzt oder nie, durch alle oder keinen (vgl. Kap.VI.2.a).

Damit zeigt sich in Natorps Ansatz eine idealistische Progressivität und kritische Radikalität, wie sie bei Hahn so nicht zu finden ist. Natorp denkt strukturell und sucht die Probleme dort anzugehen, wo sie entstehen. Allerdings liegt in einem umfassenden und radikalen Reformansatz, wie er von Natorp vertreten wird, auch eine Gefahr, die nicht übersehen werden darf. Sie besteht in dessen ideologischer Missbrauchbarkeit. Wenn Natorps fundamentale Prämisse nämlich vergessen wird, dass es sich bei seinem *Sozialidealismus* um ein *prinzipiell* nie zu erreichendes und also *offenes* Projekt handelt, wenn das Ideal mithin verabsolutiert und zu einem definierten, erreichbaren Endzustand erklärt wird, dann steht der Verkehrung von Natorps idealistischem und sozialrevolutionärem Ansatz in einen ideokratischen Dogmatismus, dem der Zweck alle Mittel heiligt, Tür und Tor offen.[43] Um dem entgegen zu

---

[43] Interessant in diesem Zusammenhang ist, dass sich Natorp nicht davor scheut, sich selbst als „Ideologen" zu bezeichnen. Dabei geht es ihm darum, eine positive Verwendung dieses Wortes zu retten, denn „dies Wort, als Scheltwort gebraucht, sagt in der Tat genug: man gesteht damit, daß man mit Idee und Vernunft nichts zu schaffen haben will" (Natorp zit. n. Jegelka 2000: 98). Dagegen unterstreicht Natorp den Wert, gerade auch den politischen Wert, der *Idee*, des klaren und weitreichenden Schauens, kombiniert mit der *Vernunft*, dem *Logos*, der einfordert, „daß man dem Geschauten auch Wort und Begriff und logische Folge geben möchte" (ebd.).

wirken vertritt Natorp den Standpunkt eines konsequenten *ethischen Sozialismus*, d.h. er ist, wenn es um das Wohl des konkreten Menschen geht, nicht bereit, Kompromisse zu machen. Er erkennt und vertritt überzeugend: wenn es um die Menschheit im Menschen geht, dann geht es immer auch um den konkreten Menschen. Keinesfalls heiligt hier ein vermeintlich finaler Zweck Mittel, welche das Wohl der im Hier und Jetzt lebenden Menschen missachten, wie das mehr oder weniger wohlmeinende ‚Führer des Sozialismus' schon viel zu oft glauben machen wollten.

Was nun die Würdigung des Hahnschen erziehungstheoretischen Konzeptes anbelangt, möchte ich ein mir als besonders wegweisend erscheinendes Moment hervorheben. Es äußert sich in seinem konsequenten Trauen auf die Fähigkeiten der Heranwachsenden. So zeigt sich Hahn konstant bereit und bestrebt, den Kindern und Jugendlichen immer wieder wichtige und essentielle Verantwortlichkeiten zu übertragen. Offensichtlich wurde Hahn, wie er dies auch selbst bestätigt hat, nur selten enttäuscht. Sein pädagogisches Zutrauen scheint sich in der Praxis für eine *Erziehung zur Verantwortung* tatsächlich gut bewährt zu haben. Es findet seinen deutlichsten Ausdruck im Salemer Helfersystem (vgl. Kap.V.7.b) und im Konzept der Dienste (vgl. Kap.V.7.c).

Als ein aktuelles Beispiel für eine gelungene Umsetzung des Prinzips der gezielten und mutigen Übertragung von Verantwortung an die Heranwachsenden, möchte ich an dieser Stelle auf einen konkreten pädagogischen Ansatz aufmerksam machen, und zwar den der *Gebhardschule* in Konstanz (Baden-Württemberg). In jedem Jahrgang dieser Schule gibt es eine Klasse, in der behinderte und nicht-behinderte Kinder zusammen lernen. Das ist der Ausgangspunkt für ein schulinternes Patenschaftsmodell. In den Pausen betreuen ältere Schüler ihre behinderten Mitschüler, helfen ihnen beim An- und Auskleiden oder beim Essen. Die Schule wurde für dieses Konzept bereits mit mehreren Preisen bedacht, – darunter der 1. Preis der Alfred-Töpfer-Stiftung zum Thema *Werteerziehung an Hauptschulen* 2006 (vgl. Internet [21.03.08] http://www.toepfer-fvs.de/wertedialog01).[44] Was mir hier als besonders gelungen erscheint, ist die Kombination des Verantwortlichkeitsprinzips mit der Idee

---

[44] Mit zur Jury gehörte Bernard Bueb, als langjähriger Gesamtleiter Salems indirekter Nachfolger Hahns. Der 2. Preis dieses Wettbewerbs ging übrigens an die Tübinger Hauptschule Innenstadt.

sozialer Gerechtigkeit, d.h. der Integration von Benachteiligten, im konkreten Fall von Kindern mit einer geistigen und/oder körperlichen Behinderung. Damit kann dieses Konzept als eine vorbildliche Synthese des Natorpschen Engagements für gesellschaftliche Solidarität und des Hahnschen Bestrebens, die Bedeutung der Verantwortungsübertragung für die pädagogische Praxis fruchtbar zu machen, betrachtet werden.

Was unter dem Gesichtspunkt des Pragmatismus Hahn sicher hoch anzurechnen ist, ist die Tatsache, dass er pädagogische Realitäten geschaffen und konkrete Praxis gestaltet hat. Die Qualität der schulischen Bildung und Ausbildung in Salem ist bis heute exzellent. Auch war und ist allem Anschein nach die Zufriedenheit der Schüler und Schülerinnen des Internats im Allgemeinen hoch. Die Tatsache, dass Hahns Konzept eine konkrete, praktische Umsetzung erfahren hat, macht es natürlich angreifbarer als den sozialidealistischen Entwurf Natorps, der als solcher primär auf der theoretisch-normativen Ebene angesiedelt ist. Widersprüche zwischen Anspruch und Wirklichkeit, was die Salemer Internatserziehung anbelangt, sind immer wieder in den Blick gekommen (vgl. Kap.V.2. oder Kap.VI.2.i). Diesen im Detail nachzugehen, wäre freilich Aufgabe einer eigenständigen, verstärkt empirisch ausgerichteten Untersuchung. Die Untersuchung von Widersprüchen zwischen Anspruch und Wirklichkeit auf Natorps *Sozialidealismus* anzuwenden, macht kaum Sinn, denn das Wagnis einer humanen und umfassenden Umsetzung seines Entwurfs ist meiner Meinung nach noch nicht eingegangen worden. Dabei ist es ein ganz unbestreitbares Anliegen gerade auch Natorps, auf gesellschaftliche Realitäten einzuwirken und Praxis zu gestalten. Doch ließ sich die politische Wirklichkeit im Nachkriegsdeutschland von seinen Ideen, wenn überhaupt, dann nur marginal beeinflussen. Die historischen Zeichen standen anders. Letztlich kam es zur Perversion des Idealsozialismus im Nationalsozialismus, der mit der Bemäntelung durch einen inzwischen vollends zum politischen Schlagwort verkommenen Sozialismus-Begriff, zusätzlich zur Nationalrechten auch die proletarische Bewegung für sich zu gewinnen suchte und – verhängnisvollerweise – zu großen Teilen auch gewonnen hat.

Doch gewiss hat auch Natorp politische, gesellschaftliche und pädagogische Realitäten, wenn auch nicht eigentlich geschaffen, so doch deutlich beeinflusst. Er hat sich, wie dargestellt (vgl. Kap.II.3; 4), über Zeitungsartikel und Vorträge politisch eingemischt, hat das Wort der Jugendbewegung gegenüber ergriffen (vgl. Natorp 1913) und sich für die Gründung und die Ausweitung von Vereinigungen eingesetzt, welche sozialreformerisch tätig geworden sind, darunter der „Rhein-Mainische Bund für Volksbildung" (vgl. Kap.II.3), der „Sommerhaldekreis"[45] und die „sozialpädagogische Gesellschaft". Letztere sollte dem Plan nach (noch in den Jahren vor dem Ersten Weltkrieg) zu einer Keimzelle für die sozialpädagogisch-sozialwissenschaftliche Fusion von kritischer Forschung und praktischer Volksbildung werden. Als Ausgangspunkt schwebte Natorp die Universitätsstadt Frankfurt vor (vgl. Jegelka 2000: 103).[46]

Als das wohl gewichtigste und umfassendste Projekt der praktischen Umsetzung des sozialpädagogischen Konzeptes von Paul Natorp kann die *Soziale Arbeitsgemeinschaft (SAG) Berlin-Ost* betrachtet werden, welche 1911 durch Friedrich Siegmund-Schultze, einem seiner engsten Schüler, ins Leben gerufen worden ist (vgl. dazu Kap.II.4). Ziel der *SAG Berlin-Ost* war es, den Aufbau von Selbsthilfe- und Selbstbildungsstrukturen in sozial marginalisierten Arbeiterquartieren zu unterstützen und damit Bildung unmittelbar in der Mitte der Gesellschaft, und zwar da, wo sie augenscheinlich am notwendigsten ist, und möglichst aus sich selbst heraus, d. h. als *Selbst*bildung, wirksam werden zu lassen.

Der Frage, wo und inwieweit Natorp die gesellschaftliche Realität konkret mitgestaltet und beeinflusst hat, im Detail nach zu gehen, würde den Rahmen dieser S klar sprengen. Für eine weiterführende Bearbeitung der Thematik ergäbe sich auch aus dieser Frage, wie überhaupt aus der Frage nach Natorps Wirkungsgeschichte, sicher eine interessante Aufgabenstellung. Inhaltliche Bezüge Natorps zum Ansatz der Kritischen Erziehungswissenschaft und der Frankfurter Schule sind jedenfalls deutlich vernehmbar angeklungen (vgl. dazu Kap.VI.2.i).

---

[45] Der „Sommerhaldekreis" war ein Versuch, die gesellschaftliche Intelligenz über bestehende politische Gräben hinweg zu vereinigen. Er tagte zum ersten Mal zu Pfingsten 1919 auf dem Anwesen von Wilhelm Schäfer am Bodensee, der „Sommerhalde" (vgl. Jegelka 2000: 158).
[46] Tatsächlich wurde 1923 in Frankfurt das *Institut für Sozialforschung* gegründet. Von ihm nahm die *Frankfurter Schule* als Wegbereiterin der *Kritischen Theorie* und der *Kritischen Erziehungswissenschaft* ihren Ausgang.

Im Kontext der Leitfrage nach den Grundsatzdifferenzen der beiden Konzepte bleibt noch eine Konfliktlinie auszuzeichnen und in ihren größeren geistesgeschichtlichen Zusammenhang zu stellen. Sie äußert sich wesentlich darin, dass Hahn die politische Verfassung des Gemeinwesens als *Stellvertretersystem* sieht und konzipiert. In dieser seiner Auffassung folgt er dem klassischen, platonischen 3-Klassen-Modell, in welchem die Besten, in Platons Ausdruck, die Philosophen, zur Herrschaft berufen sind. Folgerichtig versucht Hahn seinen pädagogischen Beitrag zur gesellschaftlichen Entwicklung zu leisten, indem er sich für die Heranbildung einer verantwortlich gesinnten, politischen und wirtschaftlichen *Führungselite* engagiert. Natorp hingegen setzt, was die Neuordnung von Staat und Gesellschaft anbelangt, genau am anderen Ende an. Ihm geht es nicht um politische Stellvertretung und Führung der Vielen durch wenige, dazu besonders Befähigte. Ihm geht es um möglichst *unmittelbare* politische Teilhabe und Beteiligung eines *jeden* zum Gemeinwesen Gehörenden. Eine auch nur als „Salz der Demokratie" verstandene, noch so wohl gemeinte „Aristokratie" lehnt Natorp daher strikt ab (vgl. Kap.VI.2.f). Sein Ansatz ist der eines radikalen Humanismus, welcher fundamentale Demokratie und Aufklärung beinhaltet. Zentral dabei steht Natorps Ansinnen, der gesellschaftlichen Spaltung in politisch Herrschende und Beherrschte, in ökonomisch Unabhängige und Abhängige, in intellektuell Mündige und Unmündige entgegenzuwirken, ja diese letztlich aufzuheben. Natorps Ansatz geht also nicht von „Elitenbildung", sondern, im ursprünglichen Sinne des Wortes, von „Volks-" und „Allgemeinbildung" aus.

Immer wieder läuft es darauf hinaus: Natorp zielt auf *unmittelbaren* gesellschaftlichen Wandel sowie auf *unmittelbare* politische Teilhabe, während Hahn die gesamtgesellschaftliche Veränderung *indirekt* mit zu gestalten trachtet und gleichfalls die politische Mitbestimmung als durch eine Führungselite *vermittelte* konzipiert. Dieses Fazit wirft nun Licht auf einen hinter beiden Positionen zu vermutenden weltanschaulichen Grundgegensatz, welcher im Folgenden nur andeutungsweise und mehr hypothetisch skizziert werden kann. Zur Vertiefung und Bestätigung wäre auch hier ein guter Ansatzpunkt für eine weiterführende Untersuchung gegeben.

Auf der Basis der vergleichenden Analyse beider Konzepte und des eben formulierten Fazits, lässt sich die Vermutung äußern, dass wesentliche Differenzen, denen wir bei Natorp und Hahn begegnet sind, als Reflex einer Grundproblematik interpretiert werden können, die in Deutschland ihren vielleicht folgenreichsten und deutlichsten Ausdruck in der weltanschaulichen Scheidung von Protestantismus und Katholizismus gefunden hat. So orientierte sich, was die Ideale Verfassung von Gemeinschaft und Gesellschaft anbelangt, die römisch-katholische Auffassung, mit welcher sich Luther konfrontiert sah, klar am Platonischen Stellvertreter- bzw. Ständemodell. Diese Auffassung konzentriert sich im Bild des „guten Hirten" und seiner Herde als Symbol für die (christliche) Gemeinschaftsordnung; ein Bild, welches sich so nicht erst im Neuen Testament (vgl. z.B. Joh.10, 1-16), sondern bereits in Platons Politeia findet (vgl. Platon, Politeia: 415d-416a). Aus soziologischer Perspektive zeigt sich die strukturelle Funktion des Stellvertretermodells darin, dass es Bedeutung und Macht des mittelalterlichen und frühneuzeitlichen Klerus fundiert und stabilisiert hat, denn nach der verbreiteten kirchlichen Dogmatik führt für den einzelnen Gläubigen der Weg zu einem reinen Verhältnis zu Gott nur über die Spende der Sakramente, zu welcher kirchlicherseits allein der Klerus ermächtigt war. Dieses nun war einer der zentralen Ansatzpunkte Luthers reformatorischer, reicht eigentlich *revolutionärer*, Kritik. Mit seiner Denkschrift „Von der Freiheit eines Christenmenschen" (1520) ging es ihm darum, den einzelnen Gläubigen in ein neues, *unmittelbares* Verhältnis zum Höchsten und Ewigen zu setzen. Der Einzelne bedurfte damit, was seine Stellung der Gottheit gegenüber anbelangt, keiner Stellvertretung oder gar Bevormundung eines bestimmten Standes mehr. Nach Luthers Auffassung lebt jeder Mensch also prinzipiell *gottunmittelbar*. Sein Heil hängt nicht länger an der Fürsprache eines durch den Papst (als den „irdischen Statthalter Petri") dafür berufenen, *Pastors* (d.h. Hirten). Die Vermutung liegt nahe, dass Natorp, einem protestantischen Pfarrhaus entstammend (vgl. Kap.II.2), genau dieses Projekt Luthers in die Sphäre des säkularpolitischen zu wenden suchte:

> „Der Protestantismus war darum notwendig, indem er begriff, daß allein die bedingungslose, ganz eigne, ganz individuelle, jede fremde Vermittlung ablehnende Hingabe an die Führung Gottes die Menschen innerlichst befreit und in Freiheit, aus Freiheit vergemeinschaftet" (Natorp 1920: 255).

Das heißt, einen Stand oder eine Klasse, die stellvertretend für andere, sei es religiöse, politische oder ökonomische Macht ausübt, lehnt Natorp strikt ab. Stattdessen stehen bei ihm Mündigkeit und Selbstbestimmung, die Grundwerte von Renaissance und Aufklärung, an zentraler Stelle. Im Gegensatz dazu spiegelt sich in Hahns Auffassung deutlich die ‚traditionell' römisch-katholische Position des

Stellvertretermodells wieder (vgl. Kap.VI.2.f). Die Tatsache, dass Hahn, einem jüdischen Elternhaus entstammend, 1945 der anglikanischen Kirche beigetreten ist, steht dieser Hypothese keineswegs entgegen. Deren Absetzung vom Römischen Katholizismus nie grundsätzlich war (vgl. Internet [21.4.08] http://de.wikipedia.org/wiki/Anglikanische_Kirche).

Auch vor diesem Hintergrund also erscheint Hahns Stellvertretermodell und das damit verbundene Konzept der Elitenbildung als das deutlich konservativere; zumal im Vergleich zu einem derart progressiven Ansatz, wie ihn Natorp vertritt. Hahns Ansatz wirkt auf den gesellschaftlichen Ist-Zustand klar stabilisierend. Grundsätzlich positiv ist dies nur, wenn der Ist-Zustand auch weitgehend dem Soll-Zustand entspricht. Wenn dies nicht der Fall ist, dann besteht die offensichtliche Gefahr, dass notwendige Veränderungen blockiert, d.h. gesellschaftliche Machtgefälle und Ungerechtigkeitsverhältnisse perpetuiert werden. Schwelende Konfliktherde können sich so leicht unterschwellig aufheizen. Die gesellschaftliche Stabilität, welche ein konservativer Ansatz zu garantieren vermeint, erweist sich dann bald als nur scheinbare und höchst prekäre. Daher erscheint mir, wenn es um die Gestaltung des sozialen Miteinanders geht, auch hier der sozialidealistische Ansatz Natorps der deutlich ergiebigere, denn er zeigt ein viel höheres Potential, gesellschaftlichen Wandel auf den Weg zu bringen und reale Missstände zu beheben. Zudem hat Natorps Konzept der „Volksbildung" in sozialer Hinsicht eine wesentlich integrativere Wirkung als Hahns Konzept der „Elitenbildung". Denn die Selektion einer wirtschaftlichen, politischen oder kulturellen Elite birgt die Gefahr, gesellschaftlichen Verwerfungs- und Spaltungsprozessen weiteren Vorschub zu leisten. Ein sich spaltendes Gemeinwesen ist aber bald schon kein Gemeinwesen mehr.

Gewiss, wenn wir den realen politischen und wirtschaftlichen Verhältnissen Rechnung tragen wollen, hat der Ansatz Hahns etwas für sich, denn Fakt ist: wir hatten und haben wirtschaftliche, politische und kulturelle Eliten. Wenn sich das so verhält, dann ist es durchaus plausibel, sich dafür einzusetzen, dass diese Eliten dann auch moralische und sittliche Werte glaubwürdig repräsentieren. Hahns zentraler Wert lautet in diesem Zusammenhang Verantwortungsbereitschaft (vgl. z.B. Kap.V.3). Also, wenn schon Eliten, dann wenigstens sittlich gute, d.h. vor allem verantwortungsbereite. Aus einem realistischen Standpunkt heraus betrachtet ist das richtig. Doch das ist nicht der Standpunkt Natorps.

Und damit sind wir bei einer letzten fundamentalen Differenz. Sie gründet in der polaren Spannung zwischen einem reformorientierten Realismus und einem revolutionär gestimmten Idealismus. Wie in Kap. IV gezeigt worden ist, setzt sich Natorp mit seinem *Sozialidealismus* für einen fundamentalen und radikalen, mithin revolutionären Wandel der gesellschaftlichen Verhältnisse ein (vgl. auch Natorp 1920: 22). Hahns pädagogisches Wirken zielt hingegen darauf ab, einen entsprechenden Wandel durch gemäßigte, partielle Reformen zu veranlassen. In direktem Zusammenhang damit steht, dass Hahns Denken und Wirken, im Gegensatz zu demjenigen Natorps, wesentlich stärker den bestehenden Verhältnissen verpflichtet bleibt. Ein revolutionärer Idealismus ist Hahn fremd. Er nimmt die realen Gegebenheiten und das reale Verhalten der Menschen vielmehr als solche hin und versucht, das Beste aus ihnen zu machen. Phänomene wie gesellschaftliche Machtgefälle, Ungerechtigkeitsverhältnisse und Benachteiligungen scheint er als ‚zum realen Leben' dazugehörig zu akzeptieren. Seine Antwort darauf ist bloß karitativ: Helfen, wo Hilfe Not tut. Hahns moderierender Ansatz liegt damit auf der Linie des Modells des neuzeitlichen Sozial- und Wohlfahrtstaates. Dieses Modell basiert auf der Absicht durch z.B. Umverteilungsprozesse oder gemäßigte, d.h. systemkonforme Reformmaßnahmen, das Beste aus und in den herrschenden Verhältnissen zu machen.

Natorp hingegen will sich mit dem wohlfahrtsstaatlichen Modell nicht zufrieden geben, zumindest nicht als gesellschaftliches Ideal. Sozialstaatliche Lösungen (wie Arbeitslosen-, Sozial- oder Erziehungshilfen) kann Natorp bestenfalls als (vorübergehende) Notlösungen akzeptieren. Er diagnostiziert sie klar als bloße Linderung von Symptomen, da sie die Übel nur oberflächlich beseitigen, nicht da, wo sie tatsächlich entstehen. Vor dem Hintergrund dieser Einsicht zeigt sich als Gefahr, dass der Wohlfahrts- und Sozialstaat dazu neigt, die Ursachen der sozialen Missstände vielmehr zu zementieren, als sie aufzuheben. Denn, wenn sich seine Hilfsmaßnahmen im Wesentlichen auf die bloße Linderung von Symptomen konzentrieren, lenken sie letztlich von der Bewusstwerdung und der Aufhebung der zugrunde liegenden, oftmals strukturellen Ursachen ab.

Damit nun erschließt sich uns der revolutionäre Geist Natorps, der in seinem *Sozialidealismus* immer wieder zum Ausdruck kommt. Nicht um die bloße Verbesserung der realen Verhältnisse oder die Linderung von symptomatischen Missständen wie im klassischen Sozialstaatsmodell geht es ihm. Es geht ihm um eine grundsätzlich neue Gestaltung des sozialen Zusammenlebens, welche mit der Beseitigung der Wurzeln der Not auch die Nothilfe überflüssig zu machen in der Lage ist. In genau diesem Sinne setzt Natorp auf eine *radikale* Reform des Sozialen und, wenn auf Hilfe, dann vorrangig auf Hilfe zur Selbsthilfe.

Während Hahn unter der Devise ‚die Welt und die Menschen sind so, wie sie sind', das Beste aus der gegebenen Situation zu machen versucht, lässt sich die idealistische Botschaft Natorps folgendermaßen zusammenfassen: ‚Eine andere Welt ist möglich. Der Weg dorthin ist ein ewiger. Er beginnt jetzt oder nie, hier oder nirgends, für alle oder keinen.'

Gewiss, Natorps *Sozialidealismus* wurde zu einer anderen Zeit konzipiert. Es war eine Zeit der größten sozialen, kulturellen und politischen Umbrüche. Die Frage, inwieweit der noch von Hegel und dem Deutschen Idealismus inspirierte revolutionär-idealistische Geist von damals auf heute zu übertragen ist, kann im Rahmen dieser Untersuchung nicht mehr geklärt werden.

Die entscheidende Frage hat ohnehin ein jeder für sich selbst zu beantworten. Es ist eine *kritische* Frage, recht eigentlich *die* Frage der Kritik. Wir sind gefordert *zu unterscheiden*, was es zu bewahren und was es umzugestalten, wenn nötig radikal umzugestalten, gilt. Demnach lautet die persönliche Frage an uns heute und für immer: Inwieweit dürfen oder müssen wir uns im Bestehenden einrichten und wo ist Wandel notwendig?

Ich meine, es geht darum, zwischen beiden Polen die Balance zu finden, oder, besser noch, beide Pole dialektisch aufzuheben: in einem praktischen Idealismus und einer idealistischen Praxis.

VIII. Literaturverzeichnis

1. Primärquellen

a) Kurt Hahn

HAHN Kurt, 1959: Erziehung zur Verantwortung – Reden und Aufsätze. Hrsg. von K. Hahn, F. v. Linn, G. Picht, M. Specht. Aus den deutschen Landerziehungsheimen; Bd. 2. (3. Aufl.) Stuttgart.

HAHN Kurt, 1986: Erziehung und die Krise der Demokratie – Reden, Aufsätze, Briefe eines politischen Pädagogen. Hrsg. von Michael Knoll. Stuttgart.

HAHN Kurt, 1998: Reform mit Augenmaß – Ausgewählte Schriften eines Politikers und Pädagogen. Hrsg. von Michael Knoll. Stuttgart.

b) Paul Natorp

NATORP Paul, 1894: Religion innerhalb der Grenzen der Humanität. Ein Kapitel zur Grundlegung der Sozialpädagogik. (2. Aufl.) Tübingen 1908.

NATORP Paul, 1899: Sozialpädagogik – Theorie der Willensbildung auf der Grundlage der Gemeinschaft. (5. Aufl.) Stuttgart 1922.

NATORP Paul, 1908: Volk und Schule Preußens vor hundert Jahren und heute. Gießen.

NATORP Paul, 1913: Hoffnungen und Gefahren unserer Jugendbewegung. (2. Aufl. mit einem neuen Nachwort) Jena 1920.

NATORP Paul, 1916: Die Einheitsschule. In: Pädagogische Blätter (Zeitschrift für Lehrerbildung und Schulaufsicht); 45. Jg. 253-67.

NATORP Paul, 1918: Student und Weltanschauung. Jena.

NATORP Paul, 1920: Sozialidealismus - Neue Richtlinien sozialer Erziehung. Berlin.

NATORP Paul, 1921: "Paul Natorp". In: R. Schmidt (Hg). Die Deutsche Philosophie der Gegenwart in Selbstdarstellungen; Bd.1. Leipzig. 151-176.

2. Sekundärliteratur

12. KJB, 2005:	Zwölfter Kinder- und Jugendbericht. Hrsg. vom Bundesministerium für Familie, Senioren, Frauen und Jugend. Bonn.
ARNOLD-BROWN A.S., 1966:	Der Einfluß von Abbotsholme. In: Röhrs 1966.
BADRY Elisabeth, 1991:	Die Gründer der Landerziehungsheime. In: H. Scheuerl (Hg): Klassiker der Pädagogik; Bd. 2. München 1991. 152-169.
BECK Ulrich, 1986:	Risikogesellschaft – Auf dem Weg in eine andere Moderne. Frankfurt a. M.
BILDUNGSPLAN HS, 2004:	Bildungsplan Hauptschule – Werkrealschule. Hrsg. vom Ministerium für Kultus, Jugend und Sport Baden-Württemberg. Stuttgart.
BUBER Martin, 1953:	Reden über Erziehung. (9. Aufl.) Gerlingen 1998.
BUBER Martin, 1957:	Ich und Du. (10. Aufl.) Heidelberg 1979.
BUBER Martin, 1986:	Begegnung. Autobiographische Fragmente. (4., durchgesehene Auflage) Heidelberg.
BUEB Bernhard, 2006:	Lob der Disziplin – Eine Streitschrift. Berlin.
EISLER Rudolf, 1904:	Wörterbuch der philosophischen Begriffe. Berlin.
EWALD Marina, 1966:	Der Aufbau und Ausbau Salems (1919-1933). In: Röhrs 1966.
FICHTE Joh. Gottlieb, 1808:	Reden an die deutsche Nation. (5., durchges. Aufl. nach d. Erstdr. von 1808) Hamburg 1978.
FLÖRKE Wilhelm, 1966:	Der Lehrgang und die Wissensvermittlung in Salem. In: Röhrs 1966.
FRIESE Peter, 2000:	Kurt Hahn – Leben und Werk eines umstrittenen Pädagogen. Bremerhaven.
HENSELER Joachim, 2000a:	Wie das Soziale in die Pädagogik kam. Zur Theoriegeschichte universitärer Sozialpädagogik am Beispiel Paul Natorps und Hermann Nohls. Weinheim und München.
HENSELER Joachim, 2000b:	Sozialpädagogik und Reformpädagogik – Gemeinschaft als einheitlicher Bezugspunkt? In: Henseler / Reyer (Hgg) Sozialpädagogik und Gemeinschaft. Hohengehren.
HENTIG Hartmut v., 1966:	Kurt Hahn und die Pädagogik. In: Röhrs 1966.

JEGELKA Norbert, 1992: Paul Natorp – Philosophie, Pädagogik, Politik (Epistemata: Reihe Philosophie; Bd. 109). Würzburg.

KANT Immanuel, 1781: Kritik der reinen Vernunft. Hrsg. von W. Weischedel. (Werke in sechs Bänden; Bd. 2) Darmstadt 1998.

KANT Immanuel, 1788: Kritik der praktischen Vernunft. Hrsg. von W. Weischedel. (Werke in sechs Bänden; Bd. 4) Darmstadt 1998.

KERSCHENSTEINER G., 1910: Der Begriff der staatsbürgerlichen Erziehung. (9. unver. Aufl.) München/Stuttgart 1961.

KNOLL Michael, 1987: Kurt Hahn – ein politischer Pädagoge. In: Ziegenspeck (Hg). Kurt Hahn : Erinnerungen – Gedanken – Aufforderungen. (Schriften – Studien – Dokumente zur Erlebnispädagogik; Bd. 2) Lüneburg.1987.

KUPFFER Heinrich, 1984: Der Faschismus und das Menschenbild der deutschen Pädagogik. Frankfurt am Main.

LENNERT Rudolf, 1966: Salem im Rahmen der Landerziehungsheime. In: Röhrs 1966.

LIETZ Hermann, 1897: Emlohstobba. Roman oder Wirklichkeit. Bilder aus dem Schulleben der Vergangenheit, Gegenwart oder Zukunft? Berlin.

MÜNCHMEIER Richard, 2004: Erfahrungsorientierte Pädagogik in Jugendhilfe und Schule. In: Schirp / Thiel (Hgg). Abenteuer – Ein Weg zur Jugend? Entwicklungsanforderungen und Zukunftsperspektiven der Erlebnispädagogik. Butzbach-Griedel. 21-31.

NIEMEYER Christian, 1998: Klassiker der Sozialpädagogik – Einführung in die Theoriegeschichte einer Wissenschaft. München.

OELKERS Jürgen, 2005: Reformpädagogik : eine kritische Dogmengeschichte. (4., vollst. überarb. und erw. Aufl.) Weinheim.

PESTALOZZI Joh. H., 1797: Meine Nachforschungen über den Gang der Natur in der Entwicklung des Menschengeschlechts. Hrsg. von Dieter-Jürgen Löwisch. Darmstadt 2002.

PIELORZ Anja, 1991: Werte und Wege der Erlebnispädagogik. Schule Schloss Salem. Neuwied.

PLATON, Politeia: Plato (Werke in acht Bänden. Hrsg. von G. Eigler; griechisch und deutsch. Dt. Übers. von E. Schleiermacher; Bd. 4) Darmstadt 1990.

REYER / HENSELER, 2000:	Zur Einleitung: Die Wiederentdeckung von „Gemeinschaft" für die Historiographie der Sozialpädagogik. In: Diess. (Hgg). Sozialpädagogik und Gemeinschaft. Hohengehren.
REYER Jürgen, 2002:	Kleine Geschichte der Sozialpädagogik – Individuum und Gemeinschaft in der Pädagogik der Moderne (Grundlagen der sozialen Arbeit; Bd. 6). Hohengehren.
RÖHRS Hermann (Hg), 1966:	Bildung als Wagnis und Bewährung. Eine Darstellung des Lebenswerkes von Kurt Hahn. Heidelberg.
SCHELKLE Sandra, 2006:	Adornos Beitrag zu einer „Erziehung zur Mündigkeit" – Anregungen für die pädagogische Aufgabenstellung. Diplomarbeit an der Fakultät für Sozial- und Verhaltenswissenschaften der Universität Tübingen, Fachbereich Erziehungswissenschaft.
SCHIRP / THIEL, 2004:	Einleitung. In: Diss. (Hgg). Abenteuer – Ein Weg zur Jugend? Entwicklungsanforderungen und Zukunftsperspektiven der Erlebnispädagogik. Butzbach-Griedel. 21-31.
SCHWARZ Karl, 1970:	Bibliographie der deutschen Landerziehungsheime. Bearb. von ders. (Aus den deutschen Landerziehungsheimen; Bd. 8) Stuttgart.
TREPTOW Rainer, 1998:	W. Rein und P. Natorp – einige Gemeinsamkeiten und Unterschiede. In: Coriand / Winkler (Hgg). Der Herbartianismus – die vergessene Wissenschaftsgeschichte. Weinheim.
TREPTOW Rainer, 2004:	Erlebnispädagogik, Handlungskompetenz, Sozialkompetenz. In: Schirp / Thiel (Hgg). Abenteuer – Ein Weg zur Jugend? Entwicklungsanforderungen und Zukunftsperspektiven der Erlebnispädagogik. Butzbach-Griedel. 65-81.
TROST Friedrich, 1955:	Erziehung im Wandel. Darmstadt.
TROST Friedrich, 1958:	Paul Natorp (1854 - 1924) – Philosoph und Pädagoge. Sonderdruck aus I. Schnack (Hg). Lebensbilder aus Kurhessen und Waldeck; Bd. 6. Marburg. 233-249.
ZIEGLER Leopold, 1928:	Magna Charta einer Schule. Darmstadt.

3. Internet

INTERNET [11.12.07]: http://de.wikipedia.org/wiki/Friedrich_Wilhelm_Foerster

INTERNET [18.12.07]: http://www.outwardbound.de/de.ueber-outward-bound.historie

INTERNET [18.12.07]: http://www.kurthahn.org/about/about

INTERNET [16.01.08]: http://de.wikipedia.org/wiki/Novemberrevolution

INTERNET [20.01.08]: http://de.wikipedia.org/wiki/Karl_Reinhardt

INTERNET [22.01.08]: http://de.wikipedia.org/wiki/Leonard_Nelson

INTERNET [22.01.08]: http://de.wikipedia.org/wiki/Schule_Schloss_Salem

INTERNET [22.01.08]: http://www.salemcollege.de

INTERNET [21.03.08]: http://www.toepfer-fvs.de/wertedialog01

INTERNET [21.04.08]: http://de.wikipedia.org/wiki/Anglikanische_Kirche

IX. ANHANG

Hockeyspiel am 26. Okt. 1919 in Salem. Das Salemer Team tritt, verstärkt durch die Odenwaldschule, gegen das Freiburger Hockeyteam an (die Salemer Mannschaft existierte bereits vor der Schulgründung). Kurt Hahn außen rechts; Prinz Max von Baden in der Mitte mit weißer Mütze; links von ihm seine Tochter und rechts seine Frau; sitzend in der vordersten Reihe (7. von links) Prinz Berthold von Baden, der Sohn von Max von Baden.

Quelle: Internet [18.12.07]: http://www.kurthahn.org/about/about